本书由北京理工大学马克思主义学院资助出版
是2020年度国家社科基金青年项目"国际大变局视野下弘扬爱国主义精神研究"
（立项号：20CKS035）阶段性成果

新时代社会主义核心价值观培育与践行研究

知识产权出版社
全国百佳图书出版单位
——北京——

图书在版编目（CIP）数据

新时代社会主义核心价值观培育与践行研究/吴倩著. —北京：知识产权出版社，2020.12
ISBN 978-7-5130-7393-6

Ⅰ.①新… Ⅱ.①吴… Ⅲ.①社会主义核心价值观—研究—中国 Ⅳ.①D616

中国版本图书馆CIP数据核字（2020）第269041号

内容提要

全球化背景下，国际竞争日益激烈。价值观作为人、社会和国家确立方向、判定事物的重要标准，将在未来的国际竞争中起到重要的作用。本书按照纵向和横向两个思路，一方面梳理我国社会主义核心价值观培育和践行的经验，另一方面从国际化视野，与西方国家的价值观教育体系进行比较，从而思考我国新时代背景下社会主义核心价值观的培育与践行问题。

责任编辑：张水华		责任校对：谷 洋	
封面设计：回归线（北京）文化传媒有限公司		责任印制：孙婷婷	

新时代社会主义核心价值观培育与践行研究
吴 倩 著

出版发行：知识产权出版社有限责任公司	网　址：http://www.ipph.cn
社　址：北京市海淀区气象路50号院	邮　编：100081
责编电话：010-82000860转8389	责编邮箱：46816202@qq.com
发行电话：010-82000860转8101/8102	发行传真：010-82000893/82005070/82000270
印　刷：北京九州迅驰传媒文化有限公司	经　销：各大网上书店、新华书店及相关专业书店
开　本：787mm×1092mm 1/16	印　张：12.75
版　次：2020年12月第1版	印　次：2020年12月第1次印刷
字　数：200千字	定　价：69.00元
ISBN 978-7-5130-7393-6	

出版权专有　侵权必究
如有印装质量问题，本社负责调换。

目 录

绪 论 ·· 1
  一、研究背景与研究意义 ··· 1
  二、研究历程与文献综述 ··· 3

第一章 新时代社会主义核心价值观的内涵和理论基础 ········· 9
  第一节 新时代是社会主义核心价值培育和践行的当代境遇 ······ 9
  第二节 社会主义核心价值观培育和践行的新时代内涵 ·········· 13
    一、什么是价值观 ··· 13
    二、什么是核心价值观 ··· 14
  第三节 社会主义核心价值观培育和践行的理论基础 ·············· 16
    一、有关价值理想的论述 ·· 16
    二、关于爱国主义的论述 ·· 16
    三、关于公平正义的论述 ·· 24
    四、关于敬业劳动的论述 ·· 25
    五、引领社会主义核心价值观的相关论述 ························· 26
  第四节 我国社会主义核心价值观培育和践行的现状 ·············· 26
    一、斯宾德勒价值观测评技术 ·· 27
    二、斯宾德勒价值观测评技术在北京大学生价值观调查
        研究中的运用 ··· 30
    三、运用斯宾德勒价值观测评技术调查北京大学生价值观
        的结论 ·· 36

第二章 我国社会主义核心价值观培育和践行的优良传统 ………… 41
 第一节 孕育社会主义核心价值观的历史背景 …………………… 41
  一、独特的历史地理环境 ………………………………………… 42
  二、农耕文化 ……………………………………………………… 42
  三、以血缘关系为纽带的封建宗法制 …………………………… 43
  四、中华文明形成之初的宇宙观和世界观 ……………………… 44
 第二节 社会主义核心价值观培育和践行的传统 ………………… 44
 第三节 中国传统文化中影响世界的重要价值理念 ……………… 46
  一、实事求是 ……………………………………………………… 47
  二、民本主义 ……………………………………………………… 47
  三、整体思维 ……………………………………………………… 48
  四、选贤任能 ……………………………………………………… 49
  五、兼收并蓄 ……………………………………………………… 50
  六、和而不同 ……………………………………………………… 51

第三章 新时代我国社会主义核心价值观培育和践行的方法路径 … 52
 第一节 以社会主义核心价值观引领各项工作 …………………… 52
  一、以社会主义核心价值观引领脱贫攻坚 ……………………… 52
  二、以社会主义核心价值观引领国民教育 ……………………… 55
 第二节 高校培育和践行社会主义核心价值观的方法和路径 …… 63
  一、抓住思想政治理论课这一主渠道 …………………………… 63
  二、依托校园文化活动 …………………………………………… 78
 第三节 社会主义核心价值观教育过程中宣传思想工作的策略 … 81
  一、社会主义核心价值观教育要牢牢坚持正面宣传为主 ……… 81
  二、社会主义核心价值观的宣传教育不能放弃舆论斗争 ……… 83
  三、新时代社会主义核心价值观的宣传教育要实现正面
    宣传和舆论斗争的统一 ……………………………………… 85

四、社会主义核心价值观的宣传教育工作要在实践中
　　　　处理好正面宣传和舆论斗争的关系 …………………… 88
　第四节　虚拟仿真技术在价值观教育过程中的运用 …………… 90

第四章　西方国家价值观培育和践行的现状及经验
　　　　——以美国为例 …………………………………………… 95
　第一节　美国核心价值观内涵 …………………………………… 95
　第二节　中美核心价值观内涵的比较 …………………………… 98
　第三节　"人类命运共同体"与"美国优先"价值理念
　　　　的比较 …………………………………………………… 101
　　一、"人类命运共同体"是基于马克思主义深刻把握历史
　　　　规律的新型文明观 …………………………………… 102
　　二、"美国优先"是美国建国之初宗教植入的文明优越论 …… 105
　　三、"人类命运共同体"与"美国优先"在价值理念上的
　　　　本质区别 ……………………………………………… 107
　　四、从价值取向看我国处理中美关系的应对策略 …………… 111
　第四节　中国梦与美国梦的比较 ………………………………… 112
　　一、中国梦与美国梦的内涵 …………………………………… 113
　　二、中国梦与美国梦比较的几点思考 ………………………… 120
　第五节　美国价值观教育的历史发展 …………………………… 128
　第六节　美国核心价值观教育的主要渠道 ……………………… 132
　第七节　美国核心价值观教育的主要方法 ……………………… 148

第五章　社会主义核心价值观在全球抗疫比较中的优越性及其
　　　　世界价值 …………………………………………………… 169
　第一节　在全球抗疫比较中体现出社会主义核心价值观的
　　　　优越性 …………………………………………………… 169

一、全球抗疫比较中体现出社会主义核心价值观的先进性……169
二、全球抗疫比较中体现出社会主义核心价值观的真实性……171
三、全球抗疫比较中体现出社会主义核心价值观的人民性……172
四、全球抗疫比较中体现出社会主义核心价值观的科学性……173

第二节　社会主义核心价值观的世界价值……………………174
一、社会主义核心价值的世界向度……………………………174
二、社会主义核心价值观的价值理念与人类命运共同体
紧密联系……………………………………………………176
三、社会主义核心价值观对世界社会主义形成和发展
自己的价值观有重要意义…………………………………179

附录："中美大学生核心价值观"调查问卷……………………183

参考文献…………………………………………………………186

后　记……………………………………………………………196

绪 论

一、研究背景与研究意义

党的十八大以来,习近平总书记多次强调培育和践行社会主义核心价值观的重大意义,他指出,"核心价值观是一个民族赖以维系的精神纽带,是一个国家共同的思想道德基础。如果没有共同的核心价值观,一个民族、一个国家就会魂无定所、行无依归"❶。因此,"我们要在全社会大力弘扬和践行社会主义核心价值观,使之像空气一样无处不在、无时不有,成为中国人民的共同价值追求,成为中国人的独特精神支柱,成为百姓日用而不觉的行为准则。"❷ 要号召全社会行动起来,通过教育引导、舆论宣传、文化熏陶、实践养成、制度保障等,使社会主义核心价值观内化为人们的精神追求、外化为人们的自觉行动。

随着我国步入新时代,国际国内形势更加复杂,人民日益增长的美好生活需要和不平衡不充分的发展之间的矛盾日益凸显,特别是人们对于精神文化的需求日益增多。随着网络和信息科技的飞速发展,复杂的

---

❶❷ 2014年10月15日,习近平在文艺工作座谈会上的讲话。

社会环境给人们价值观带来了严重冲击和挑战，这使我们不得不加紧审视社会主义核心价值观培育和践行的相关问题。因此，开展"新时代社会主义核心价值观培育与践行研究"有着重要的意义。具体而言，本书的研究意义如下。

第一，系统梳理我国社会主义核心价值观培育和践行的经验具有重要的理论意义。社会主义核心价值观作为一个明确的概念在2012年11月党的十八大上被首次提出，但是追溯党的文件，最早提出价值观教育是2004年中共中央、国务院印发的《关于进一步加强和改进大学生价值观教育的意见》，文件基本精神强调了要以理想信念教育为核心，深入进行正确的世界观、人生观、价值观教育。所以我国开展社会主义核心价值观的培育和践行最早可追溯到21世纪初，在10多年的探索实践中，积累了许多经验，形成了中国特色社会主义核心价值观培育和践行的教育模式，如今，我们对这一内容进行梳理有重要的理论意义。

第二，在全球化背景下，对世界各国的价值观教育进行比较研究具有重要的理论意义。比较价值观教育作为价值观教育学科下的重要分支学科和研究领域，从20世纪80年代发展至今，其研究对象从中国到社会主义阵营再到世界，已经取得了许多研究成果。但是作为发展中的比较价值观教育还存在许多不足，本书关于世界其他国家的价值观教育的比较研究能够促进我国比较价值观教育学科的发展。

第三，在新时代的发展背景下，研究当代中国社会培育和践行社会主义核心价值观具有重要的现实意义。在新时代背景下，当今世界正经历百年未有之大变局，世界多极化、经济全球化、社会信息化、文化多样化深入发展。随着改革开放的深入推进，我国的发展也站在新的历史起点上。随着我国全面建成小康社会的号角吹起，随着我国国际地位的不断提升，随着意识形态领域的斗争不断激烈，新时代培育和践行社会主义核心价值观依然任重道远。正如习近平总书记所言，核心价值观的养成绝非一日之功，要坚持由易到难、由近及远，努力把核心价值观的要求变成日常的行为准则，进而形成自觉奉行的信念理念。推进人民群众对社会主义核心价值观的认同，从而凝聚中国力量，增强道路自信、理论自信、制度自信和文化自信，推动中国梦的实现。

二、研究历程与文献综述

（一）研究历程

本研究历时 5 年，主要分为以下三个阶段：第一阶段是理论研究阶段。通过查阅文献和重要文件，对社会主义核心价值观的内涵，社会主义核心价值观与中国传统文化的关系，价值观教育机制、途径、方法等理论问题展开深入研究。第二阶段是实地考察、搜集数据阶段。一方面笔者利用 3 年时间深入美国，探访过纽约州、加利福尼亚州、得克萨斯州等多个地区，就价值观教育问题走访各大教堂、教育机构、博物馆、医院等场所，与当地居民进行深入交流，通过切身体验对美国价值观教育现状及经验进行总结。另一方面是笔者目前作为高校一线思想道德修养与法律基础课（以下简称"思修课"）教师，连续多年对大学生价值观现状进行质性研究，搜集大量数据，进行大量访谈，了解当代价值观教育现状。第三阶段是比较研究、系统梳理阶段。通过前期理论研究和实证研究，进行材料的系统整合，通过纵向和横向两个维度对新时代我国社会主义核心价值观培育和践行问题展开深入、系统的思考。

（二）文献综述

从国外研究情况来看，尚无国外学者对我国社会主义核心价值观进行研究，但是国外关于价值观教育的研究很多，总体来看有如下特点：一是实证研究多。美国的价值观教育研究大都要求研究成果中有数据、有模型、有案例，采用的方法有案例研究法（Case Study）、种族志研究法（Ethnographic Research）、评估研究法（Evaluation Research）、扎根理论研究法（Grounded Theory Research）、叙述研究法（Narrative Research）等众多量性和质性分析方法。二是研究成果的实用性高。国外价值观教育的很多研究成果都是帮助教育者或教师找到合适的教育策略，并且提供直接的参考资料。比如很多都是以 handbook 的形式出现，每一种教育方法都会附很多的参考资料、教学案例和参考模型，以及直接可用的评估测量表等，教师能够很快掌握科学的教育方法。很多的科研论文也是问题意识明确，直接针对价值观教育中出现的现实问题展开，提出具有实操性的理论解答。

从国内研究情况来看，我国对社会主义核心价值观的研究十分重视，学术界有了非常多的研究成果，相关著作有 400 多部，主要研究方向如下。

（1）关于社会主义核心价值观的培育和践行的研究。教育部思想政治工作司编写的《高校培育和践行社会主义核心价值观创新案例》（知识产权出版社，2015）第五章谈到将社会主义核心价值观融入教育教学，介绍了北京大学"教授茶座"、山东大学"互动课堂"、复旦大学"经典读书计划"、北京第二外国语学院"微党课"等突出案例。在该书第二辑课堂教学篇中介绍了北京师范大学辅导员依托形势政策课开展价值观教育教学、吉林大学"思想·理论·人生100讲"系列专题讲座解读核心价值观、河北大学"小切口，大立意"打造社会主义核心价值观教育"四新"模式、西南民族大学在民族团结进步教育中培育和践行社会主义核心价值观等10余所高校的突出案例。吕开东、张彬主编的《大学生社会主义核心价值观认同教育》（中央编译出版社，2019），以大学生社会主义核心价值观为研究核心，通过论述其意义、分析当代大学生现状，以期引导大学生对社会主义核心价值观形成感性认知，然后从情感和心理上将自身认知与社会共同的价值追求相比较产生理性认同，进而产生对社会和国家的心理归属感，以及强烈的主体意识、责任意识和担当意识，最终将其作为自己坚定的价值追求外化为自身的自觉行动并加以实践。马国祥（2016）系统阐释了社会主义核心价值观的提出、意义、内涵和途径等。李泽泉（2018）从建设社会主义精神文明、推进社会主义先进文化建设、坚定党的理想信念、加强思想道德建设、宣传先进典型、突出重点人群、建设社会主义核心价值体系、概括提炼社会主义核心价值观、把社会主义核心价值观融入法治建设9个方面，对培育和践行社会主义核心价值观，从理论和实践两个维度进行了多视角的探索。

（2）关于社会主义核心价值观认同的研究。有学者从社会主义核心价值观生成和发展的历史过程出发，以历史与逻辑、理论与实践、科学与价值相统一的思维方式阐释了社会主义核心价值观的基本内涵和核心内容，探讨了社会主义核心价值观培育的内在要求、基本方式和评价尺度。在此基础上，剖析影响社会主义核心价值观认同的各种要素及其相互关系，阐述形成认同的实践机制。最后，深入研究从主观认同、自觉践行到主体发展的逻辑过程，并指向人的自由全面发展这一社会发展的终极目标（徐斌，2019）。赵庆寺（2016）通过对讨论式教学的探讨思考大学生社会主义核心价值观的认同问题。郑爱龙（2016）重点研究网络社会，结合网络发展的特点分析社会主义核心价值观的认同问题。韩震（2018）力图对社会主义核心价值观的12个理念进行深入探讨，分析这些理念的意义，思考与资本主义所倡导的相关理念的异同，廓清人们的错误认识，深化人们的理解；在深度研究的基础上，对社会主义核心价值观做进一步的凝练，提升人民的认同感。

（3）关于社会主义核心价值观的基础理论和基本理念的研究。郎平、李晗（2019）曾阐述了对中国传统的核心价值观的理解，包括对仁、义、礼、智、信的理解；阐述了经典马克思主义的理论，包括自由理论、公平正义理论、人的全面发展理论；分析中国共产党人对于社会主义核心价值观的理论探索，包括毛泽东、邓小平、江泽民、胡锦涛对社会主义核心价值观的理论探索；分析习近平总书记对于社会主义核心价值观的重要论述，包括理论创新和实践指导。刘玉红、王莉、王凤环（2019）论述了社会主义核心价值观的科学内涵，分析了社会主义核心价值观的理论依据和思想渊源，对现代国家的价值标准、现代社会的价值导向、现代公民的价值准则都进行了深入阐述，对培育和践行社会主义核心价值观的重大意义予以全面论述。刘志山（2018）从文化、价值、道德和教育4个维度，分别论述社会主义核心价值观的基础标准、逻辑关联、内涵要求和意义价值等。

（4）关于社会主义核心价值观的传播的研究。具体研究内容有以下几个方面：一是关于传播话语问题的研究。韩震（2019）聚焦社会主义核心价值观的话语构建与传播中的话语创新，从中华民族的复兴与社会主义核心价值观维度入手构建反映时代变化发展的话语体系、对外文化和价值观传播中的话语创新、基于人类命运共同体新理念的中国外交价值观四个方面，深入阐释和回答了关于社会主义核心价值观与文化传播的诸多问题。蒋丽（2019）从哲学角度对社会主义核心价值观进行了深层次思考。二是关于传播方式的研究。张淑芳（2018）提出社会主义核心价值观的仪式化传播，她认为仪式化传播与社会主义核心价值观传播在社会背景、价值立场、实现机制、目标追求等方面存在着深层的统一性，这些统一性的存在为解决社会主义核心价值观传播中存在的问题、推进社会主义核心价值观的仪式化传播提供了可能，为社会主义核心价值观传播提供了一个新的路径。郑洁（2012）从网络传播方式展开研究：首先，侧重于历史考察的维度，探讨互联网的产生与网络媒体的兴起；其次，侧重于理论概括的维度，梳理价值、价值观、核心价值观、社会主义核心价值体系的相关问题，分析、提炼社会主义核心价值观的基本内涵和科学表述，阐述网络媒体与社会主义核心价值观传播的内在关联。三是基于不同的传播视角的研究。朱霁（2019）基于马克思主义意识形态理论和跨文化传播理论，以跨文化传播为视角，研究社会主义核心价值观跨文化传播的理论基础，传播的意义，传播的主体,传播的载体,传播中存在的问题,传播的战略、策略等问题,以期扩大社会主义核心价值观的国际影响力,提升社会主义核心价值观的国际话语权。

(5)关于新时代培育和践行社会主义核心价值观的研究。李德全、杨全海(2018)指出,社会主义核心价值观是凝心聚力的"思想旗帜",是中国特色社会主义价值内核,新时代中国精神是彰显中华优秀传统文化持久魅力与时代风貌的精神支柱,从逻辑上厘清两者之间的内在联系,彰显其强大动力和精神纽带作用,是实现中华民族伟大复兴中国梦的题中应有之义。王易、田雨晴(2019)指出,习近平总书记从新时代中国特色社会主义理论方略和实践策略的宏观视野出发,站在坚定中国特色社会主义文化自信的战略高度,深刻阐释了培育和践行社会主义核心价值观的深远意义和重要价值,提出要把培养"时代新人"作为培育和弘扬社会主义核心价值观的根本着眼点,强调要通过教育引导、舆论宣传、文化熏陶、实践养成、制度保障来培育和弘扬社会主义核心价值观,阐释了新时代坚持社会主义核心价值体系的新定位,揭示了新时代培育和践行社会主义核心价值观的新目标,指明了新时代培育和践行社会主义核心价值观的新维度,为新时代进行伟大斗争、建设伟大工程、推进伟大事业提供了科学指导和价值遵循。韩东云(2019)指出,社会主义核心价值观作为习近平新时代中国特色社会主义思想的重要内容,必然要随着时代的发展与时俱进。建成现代化强国、满足人民群众美好生活需要、共享改革发展成果和构建人类命运共同体等都在一定程度上丰富了中国特色社会主义核心价值观的时代内涵。包心鉴(2018)指出,中国特色社会主义是改革开放以来党的全部理论和实践的主题,是社会主义核心价值观的本质规定;习近平新时代中国特色社会主义思想,续写了中国特色社会主义这篇"大文章"的精彩篇章,在如何坚持和发展中国特色社会主义上展示了深刻的时代性、实践性、创新性、人民性的鲜明特质。社会主义核心价值观,是在中国特色社会主义伟大实践中逐步形成的，从本质上说，中国特色社会主义核心价值观集中体现了中国特色社会主义在国家价值目标、社会价值取向、个体价值准则方面的本质规定和基本规范，深刻反映了中国特色社会主义的价值诉求和价值走向。

因此，本书旨在立足新时代、大变局的背景下，在国际化视野下，按照纵向和横向两个思路，一方面梳理我国社会主义核心价值观培育和践行的经验，另一方面在全球视野下对西方国家的价值观教育体系进行比较，从而思考新时代背景下社会主义核心价值观的培育与践行。

第一章
新时代社会主义核心价值观的内涵和理论基础

第一节 新时代是社会主义核心价值培育和践行的当代境遇

在新时代背景下，当今世界正经历百年未有之大变局，世界多极化、经济全球化、社会信息化、文化多样化深入发展。随着改革开放的深入推进，我国的发展也站在新的历史起点上。"新时代"给社会主义核心价值观的培育和践行带来如下几个方面的深刻影响。

第一，新时代背景下，国际化程度的加深给社会主义核心价值观的培育和践行带来了新的时空境遇。一方面，国际化带来了许多有利因素。国际化促使在社会主义制度下的我国对什么是社会主义、怎样建设社会主义，以及如何处理社会主义与资本主义关系等一系列重要问题进行重新认识。在国际化的大背景下，社会主义和资本主义两种制度处于和平共处、合作、竞争和斗争的新时代。资本主义的生产方式、上层建筑、社会阶级结构和国际关系都发生了显著的变化，资本主义制度所固有的基本矛盾也在全球蔓延，经济危机的频发、贫富差距的拉大、发达资本主义国家间矛盾的深化，这些都凸显出资本主义制度的弊端，并且在资本主义国家内部出现了越来越多的社会主义因素，如政府宏观调控和社会福利措施的增加等。另外，国际化促使在社会主义制度下的我国对世界其他社会主义国家实践的经验和教训进行了理性总结。随着20世纪世界社会主义国家由兴到衰，到21世纪以来，以中国、越南等为代表的共产党执政的社会主义国家逐渐取得显著成绩，世界社会主义国家开始逐渐摆脱苏联模式的桎梏，切实从本国实际出发，逐步形成自己的特色，并逐一开始走向改革开放道路。当然，当今社会主义各国要想根本革除苏联模式过度集权的弊病，就要发展社会主义民主、自由与法治，这条路依旧任重道远。❶对这些问题的重新认识和理性总结能够为社会主义核心价值观的培育和践行提供启发。另一方面，国际化也带来了许多挑战。在国际化背景下，一部分人的社会主义理想信念有所动摇。同时，西方的民主社会主义思潮、自由主义思潮和民族主义思潮等通过网络大量涌入中国，并随着社会主义制度与资本主义制度的对话、交流与合作日益频繁，"两制"之间的差异与对立被淡化，人们的社会主义信念开始动摇，这使得社会主义核心价值观的培育和践行受到冲击。

第二，新时代背景下，信息科技的发展给社会主义核心价值观的培育和践行带来了新的视域和格局。以近几年流行的区块链思想为例，区块链是指分布式数据存储、点对点传输、共识机制、加密算法等计算机技术的新型应用模式。它作为一种全新的概念，成为我国发展的重要战略技术，已经开始涉足金融、工业、信息技术等领域。2016年，在工信部信息化和软件服务业司的指导下发布了《中国区块链技术和应用发展白皮书（2016）》，指出："区块链系统的透明化、数据不可篡改等特

---

❶ 高放，李景治，蒲国良. 科学社会主义的理论与实践［M］. 北京：中国人民大学出版社，2011.

征,完全适用于学生征信管理、升学就业、学术、资质证明、产学合作等方面,对教育就业的健康发展具有重要的价值。"价值观教育作为立德树人的关键环节,也必须紧跟时代发展,借鉴区块链概念进行理念革新。区块链概念的价值观教育价值体现在以下几个方面:

(1) 区块链概念强调去中心化,为价值观教育格局提供了具体的实施路径。在区块链的概念体系中,以前由单方维护的数据库变成了多方共同维护,大家凭借共识一起写入数据,没有谁可以单独控制数据。这给价值观教育的启示是,价值观教育是多方共同维护的,以大学生的思想政治教育课程为例,学生们的思想政治教育课(以下简称"思政课")成绩,可以充分利用信息化的手段,收集各方数据,包括学生们的课堂参与、课下互动、课外实践、在线学习、志愿服务等各个方面,每个学生所在的学院、班级、辅导员、专业课或者公共课教师,甚至社会机构的信息都可以写入数据。同时,各个大学正在开展的课程思政改革也与区块链概念不谋而合,区块链给课程思政提供了信息化平台,各大高校的不同机构、不同院系都可以通过区块链写入数据、上传资料、共享资源,对学生开展价值观教育。

(2) 区块链概念强调数字化新媒体技术,为价值观教育的应用提供了更广阔的视域。与区块链概念紧密相关的另一个概念就是比特币,它是个人对个人形式的虚拟的加密数字货币。这个理念对于价值观教育的启示在于,价值观教育不一定只能通过文字传输来展开,也可以通过数字化的形式,比如通过图像、视频、游戏及虚拟现实等手段来实现教育的目的。目前的价值观教育有一部分内容存在概念对概念、原则对原则的问题,缺乏场景的搭建和故事的还原,以至于很难使价值观教育对象真正理解教育者的本意。参照区块链的概念,可以大大拓展价值观教育的视域。

(3) 区块链技术的精准定位能够实现价值观教育的"因材施教"。区块链技术通过信息技术能够实现数据的高效传输和精准定位,因而可以充分利用大数据,为学生个体画像,比如建立包括学生的性格、优缺点、喜好等的数据库,同时迅速对接适应这个学生的课程、活动甚至教师,大大提升教育教学的针对性。目前,思政课存在"供不应求"的现实,即专业的思政课教师数量和质量与学生对思政课的需求之间存在矛盾,而大班授课无法满足学生们的个性化需求,这就亟须现实来做出回应。

(4) 区块链概念建立的多方信任关系能够打破价值观教育过程中教育者与教育对象之间的隔阂。区块链的核心在于用技术创造一个多方信任的机制。区块链技术通过去中心化、多方参与、加密虚拟货币,通过透明、可追踪的、可监控的形式创设了一种多方信任的机制。在价值观教育过程中,人与人交往过程中的陌生感带来的设防、猜疑等心理,必然会导致教育效果的弱化,区块链概念通过建立信任关系能够有效地缓解教育者与教育对象之间的隔阂,实现价值观教育的高效化。因此,区块链概念给价值观教育带来了更广阔的视域和全新的格局,这既符合社会发展的客观规律,也符合价值观教育的发展规律。在信息技术飞速发展的当下,价值观教育要革新理念,紧距形势,搭上新媒体技术的快车,实现立德树人。

第三,新时代背景下,网络对人们的思想和生活的影响日益深化。新时代背景下,网络已实现对社会的全面覆盖、全程融入,人们的世界观、人生观和价值观的形成都被深深地打上了网络烙印。网络既为价值观教育提供了新手段、拓展了新空间,也给敌对势力的思想渗透、各种有害信息的传播提供了可乘之机。为应对挑战,价值观教育必须要转变对意识形态的驾驭方式,掌握现代信息技术运用的主动权,主动研究网络等新媒体的传播方式与传播技术,重点研究利用网络传播社会主义核心价值体系、坚决抵制资本主义意识形态和各种有害思想的全新途径。

第二节　社会主义核心价值观培育和践行的新时代内涵

一、什么是价值观

从西方学者的表述来看，"values"一词可翻译为"价值""价值观"或"价值观念"等。按照话语还原的要求，笔者找到早期一些美国权威学者对"values"的学术定义。其中 Jack Fraenkel 指出"values"代表了人们认为生活中重要的东西，是对于什么是好的、什么是漂亮的、什么是有效的或公正的这样一些理念，因而这些理念值得去拥有、值得去做、值得努力去实现。它有时候成为我们判定特定事物好与坏、理想不理想以及值不值得的标准。Louis E. Raths，Merrill Harmin 和 Sidney B. Simon 指出，"value"是人类生活中有意义的或值得称赞的事情，而"values"将这些理念、观点或者信仰组合起来，包括选择、优化和实践。Douglas P. Superka，Christine Ahrens，Judith E. Hedstrom，Luther J. Ford 和 Patricia L. Johnson 指出，"values"是决定事物真善美的标准。

在中文语境中，对于"价值""价值观""价值观念"这些概念，笔者试图从与价值观教育学科紧密联系的伦理学范畴下去找寻。宋希仁教授等指出，"价值"的原意是指事物的用途和积极作用，它表示人与各种对象之间需求和满足需求的关系。人不仅要认识现象的特性，还要从它们对自己的生活是有益还是有害的角度来进行评价。价值是具有社会性的，它产生于人的实践活动。如果在没有人的地方谈论某种东西有无价值，都是没有意义的。而对于"价值观"这一概念，罗国杰教授指出价值观是人们对于人生价值、人生理想的总的和根本的观点。它所要回答的问题是：人生的意义和价值是什么、如何处理社会价值和人生价值的关系、如何实现人生价值等。吴潜涛教授指出，价值观是指关于价值观念的完整系统，是一定历史时期的人们对价值问题所持的立场、观点和态度的总和。它渗透到现实生活的各个领域，人们的信念、信仰、追求和理想等都属于价值观的范畴。"价值观念"与"价值观"的内涵基本一致，相较于"价值观"，"价值观念"的内涵更具体一些。由此来看英文"values"翻译成"价值观"更为合理。两者的内涵基本一致。

二、什么是核心价值观

核心价值观，是指在各种价值观的对比中处于核心地位的价值观。它能够从根本上体现全体社会成员的根本利益，反映人们的社会诉求，包含对社会发展、社会变革起重要作用的一系列思想观念、道德观点和价值取向。它能够集中地体现社会的本质、性质和发展方向，"处于价值体系的统摄和支配地位，是一个社会倡导和主导的价值体系，引领一个社会各种不同的价值取向、价值追求、价值尺度和价值原则沿着一定的方向发展"。❶ 社会主义核心价值观是指中国特色社会主义核心价值观，整体上分为国家、社会和个人三个层面，从内容表述上是"富强、民主、文明、和谐、自由、平等、公正、法治、爱国、敬业、诚信、友善"这 24 个字。西方国家经常以民主、自由、人权标榜自己的核心价值观，以美国为例，虽然没有明确的官方文件指出美国核心价值观的内容，但是可以从许多一手资料来尝试总结美国核心价值观的内容。虽然中国与西方国家的核心价值观在文字表述上看似一样，但是理解核心价值观的内涵要结合历史、文化、制度等多个层面，不能仅仅停留在文字表述上。

第一，社会主义核心价值观的培育和践行。一方面是社会主义核心

---

❶ 戴木才. 中国特色核心价值观的传统、现实与前景 [M]. 南宁：广西人民出版社，2011：15.

价值观的培育，包含认知、情感、信念和意志。培育社会主义核心价值观，首先要形成正确的认知，要从理论上有正确的把握。然后从情感上进行认同，培育情怀。最后在此基础上形成信念和意志，内化为内心的信仰。另一方面是社会主义核心价值观的践行，基于认知、情感、信念和意志的基础上，去真正地认同和践行。2018年5月2日，习近平总书记在北京大学师生座谈会上的讲话中，化用《礼记·大学》中"博学之，审问之，慎思之，明辨之，笃行之"的传统经典表述，谈到"勤学、修德、明辨、笃实"八个字。其中，"勤学"就是针对认知层面，即要学知识，有知识是培育社会主义核心价值观的最基本前提，并且这里的知识不仅仅是专业知识，还有社会意识和责任精神等。"修德"是做人和立身之本，这里指要培育良好的道德情操，实现道德自律，养成良好的道德修养；知识要有道德的指引，才能用在正途，没有道德修养的人，才华越大，对社会的危害也越大。所以青年要志存高远、心怀天下，以德为先，既要修好"私德"，也要修好"公德"。"明辨"是指人在复杂的社会中，有善恶、好坏的判断能力，能够正确地选择自己的行为，比如对于历史虚无主义，对于网络上各种思潮的冲击，要有清醒的头脑，有正确的认知和判断。"笃实"是在前几个内容的基础上，对社会主义核心价值观有客观理性的认识，从而能够认真地践行。

第二，新时代我国社会主义核心价值观的培育和践行。党的十九大报告突出了培育和践行社会主义核心价值观的着眼点是"培养担当民族复兴大任的时代新人"。因此，新时代社会主义核心价值观培育和践行要落脚于培养时代新人，要把培育和践行社会主义核心价值观与立德树人结合起来，即坚持把立德树人作为中心环节，将思想政治工作贯穿教育教学全过程，实现全员育人、全程育人、全方位育人。

第三节 社会主义核心价值观
培育和践行的理论基础

一、有关价值理想的论述

马克思指出,"只有在共同体中,个人才能获得全面发展其才能的手段,也就是说,只有在共同体中才可能有个人自由"❶。一方面指出了人的自由、全面、发展是个人追求的价值理想。"人以一种全面的方式,就是说,作为一个完整的人,占有自己的全面的本质。"❷ 这里对于价值理想的描述也是社会主义核心价值观的最终目标。另一方面指出了个人与社会的关系,强调了人无法脱离社会,不能离开共同体,即个人理想与社会理想具有一致性,如《共产党宣言》中明确提出的"代替那存在着阶级和阶级对立的资产阶级旧社会的,将是这样一个联合体,在那里,每个人的自由发展是一切人的自由发展的条件"❸。即"一切人的自由发展"要以"每个人的自由发展"为条件,充分说明对于集体的强调与对于个人的强调是统一的。

二、关于爱国主义的论述

爱国是社会主义核心价值观的重要内容之一,马克思主义理论中关于爱国主义的论述有很多,特别是马克思、恩格斯在《法兰西内战》《家庭、私有制和国家的起源》《德国的对外政策》《在爱北斐特的演说》《支持波兰》《致保尔·拉法格》等多篇文章中有关于爱国主义的

---

❶ 马克思恩格斯选集:第一卷 [M]. 北京:人民出版社,1995:119.
❷ 马克思恩格斯文集:第一卷 [M]. 北京:人民出版社,2009:189.
❸ 马克思恩格斯文集:第二卷 [M]. 北京:人民出版社,2009:53.

相关表述。

1. 马克思恩格斯使用的爱国主义相关概念

在马克思恩格斯的文章中，有关爱国主义相关范畴的表述体现在如下几个方面。

第一，"国家不是从来就有的"。"国家"是理解爱国主义精神的基本范畴之一。恩格斯在《家庭、私有制和国家的起源》中系统论述了古代社会运行规律和国家的起源。他指出国家绝不是从外部强加于社会的一种力量。国家也不像黑格尔所断言的是"伦理观念的现实"，"理性的形象和现实"。确切地说，国家是社会在一定发展阶段上的产物；"国家是承认：这个社会陷入了不可解决的自我矛盾，分裂为不可调和的对立面而又无力摆脱这些对立面。而为了使这些对立面，这些经济利益互相冲突的阶级，不致在无谓的斗争中把自己和社会消灭，就需要有一种表面上凌驾于社会之上的力量，这种力量应当缓和冲突，把冲突保持在'秩序'的范围以内；这种从社会中产生但又自居于社会之上并且日益同社会相异化的力量，就是国家。"❶ 因此，恩格斯得出结论"国家并不是从来就有的"❷。恩格斯还进一步论述了国家产生的必要性，"曾经有过不需要国家、而且根本不知国家和国家权力为何物的社会。在经济发展到一定阶段而必然使社会分裂为阶级时，国家就由于这种分裂而成为必要了"❸。由此，恩格斯深刻论述了国家的起源是缓和阶级冲突，保持社会秩序。同时，恩格斯又论述了国家的发展——"现在我们正在以迅速的步伐走向这样的生产发展阶段，在这个阶段上，这些阶级的存在不仅不再必要，而且成了生产的真正障碍。阶级不可避免地要消失，正如它们从前不可避免地产生一样。随着阶级的消失，国家也不可避免地要消失。在生产者自由平等的联合体的基础上按新方式来

---

❶ 马克思恩格斯选集：第一卷［M］．北京：人民出版社，2012：187.
❷ 马克思恩格斯选集：第一卷［M］．北京：人民出版社，2012：190.
❸ 马克思恩格斯选集：第一卷［M］．北京：人民出版社，2012：190.

组织生产的社会，将把全部国家机器放到它应该去的地方，即放到古物陈列馆去，同纺车和青铜斧陈列在一起"❶。所以，在恩格斯的论述中，国家是一个历史的概念，它不是从来就有的，是必然会产生的，也不是永恒存在的。由此可以引申理解爱国主义也是一个历史的概念，它会随着国家的出现而产生，最终也会随着国家的消亡而消失。

第二，"真正的祖国"这一概念取决于特定的历史条件。"祖国"也是理解爱国主义的另一个重要的基础范畴。对于什么是"真正的祖国"，恩格斯有过专门的论述。1845年2月8日，恩格斯在《在爱北斐特的演说》中谈到"请你们注意一下，一旦发生战争（当然这种战争只能是对付那些反对共产主义的国家的），这个社会的成员一定会保卫真正的祖国、真正的家园，因此他们将精神焕发、坚毅勇敢地作战，使受过机械化训练的现代军队也要望风披靡"❷。恩格斯在庆祝1863年1月22日波兰起义纪念会上发表了《支持波兰》的演说。他指出："国际的工人政党力求实现波兰民族的恢复，这根本没有丝毫矛盾。相反地，只有在波兰重新争得了自己的独立以后，只有当它作为一个独立的民族重新掌握自己的命运的时候，它的内部发展过程才会重新开始，它才能够作为一种独立的力量来促进欧洲的社会改造。当一个富有生命力的民族受外国侵略者压迫的时候，它就必须把自己的全部力量、自己的全部心血、自己的全部经历用来反对外来的敌人。"❸对于什么是"真正的祖国"，恩格斯强调了特定的历史条件，即发生战争（特指是对付那些反对共产主义的国家的战争）或者受外国侵略者压迫。所以恩格斯对于祖国的概念，并不限于血统和地域，而是看这块土地是否受到反共主义国家的压迫，在这样的特定历史条件下，人民就会激发出强烈的爱国主义精神。

---

❶ 马克思恩格斯选集：第一卷[M]．北京：人民出版社，2012：190．
❷ 马克思恩格斯全集：第二卷[M]．北京：人民出版社，1957：610．
❸ 马克思恩格斯全集：第十八卷[M]．北京：人民出版社，1964：630．

第三，对于"爱国主义"和"爱国主义者"的界定是有条件的。马克思恩格斯明确提出爱国主义这个表述是在《致劳拉·拉法格》《致保尔·拉法格》等书信中多次提到的。在《致劳拉·拉法格》的信中，恩格斯对劳拉谈到"工人党对'爱国主义'采取的新立场就其本身而言是很有道理的。国际联合只能存在于国家之间，因而这些国家的存在、它们在内部事务上的自主和独立也就包括在国际主义这一概念本身之中。假爱国主义者施加的压力，迟早定会招致这样一类的声明❶""看来反犹太主义—爱国主义的恶棍们不论在法国还是在德国，只要牵涉到资产者，他们都是按他们自己那一套行事!❷"恩格斯在这里对狭隘的爱国主义持批判的态度。在《致保尔·拉法格》的书信中，恩格斯再次谈到爱国主义这一范畴的使用问题，他指出"你们对无政府主义者和极端爱国主义的布朗热分子们的胡闹提出抗议是完全正确的""博尼埃经常在想象的反爱国主义（但反爱国主义主要是对别人而言，因为再没有谁比他更希望'法国走在运动的最前面'）范围里行事。而现在全国理事会毫不含糊地宣称自己是爱国主义的，而且正好赶上德国的选举也同样毫不含糊地证明，现在走在运动最前面的不是法国❸"。恩格斯通过这些表述建议大家慎用"爱国主义"这一范畴，因为在恩格斯所处的时代，爱国主义已经异化为资产阶级愚弄无产阶级和广大人民的"幌子"。此外，恩格斯进一步论述"爱国主义者"这一范畴——"关于爱国主义者一词的使用，关于你们自称为'唯一''真正的'爱国主义者，这些我不想谈了。这个词的涵义片面——或者说词义含糊，依情况而定——所以我从来不敢把这一称号加于自己。我对非德国人讲话时是一个德国人，正象我对德国人讲话时又纯粹是一个国际主义者一样❹"。恩格斯对"爱国主义者"的界定是有条件的、是依情况而定的，

---

❶ 马克思恩格斯全集：第三十九卷［M］.北京：人民出版社，1974：84.
❷ 马克思恩格斯全集：第三十九卷［M］.北京：人民出版社，1974：85.
❸❹ 马克思恩格斯全集：第三十九卷［M］北京：人民出版社，1974：86.

它不限于某个具体的国度，而是以广博的国际情怀来判定什么是"真正的爱国主义者"。

2. 对爱国主义本身的认识

马克思恩格斯在对爱国主义的相关论述中，主要有以下几个方面的内容。

第一，着重强调了爱国主义的阶级性。恩格斯在《德国的对外政策》一文中指出"旧政府机关所大肆散布的关于波兰和意大利的谣言和歪曲，人为地激起仇恨的种种企图，什么事关德国荣誉和德国威力等等言过其词的滥调——所有这一切魔术手法都已失去了效力。只是在这些爱国主义的华丽辞藻里面包含着物质利益的地方，只是在一部分打着正式的爱国主义的招牌来图谋私利的大资产阶级那里，这种正式的爱国主义还会有自己的市场。反动的政党懂得并利用了这一点"❶。这段论述中，恩格斯突出强调了不同阶级对爱国主义有不同的理解——资产阶级利用爱国主义来谋取利益。恩格斯在《法国境内的战斗》一文中指出，"民众为了进行抵抗，一切手段都可以使用，而且愈有效愈好。但是这一切是普鲁士人曾经打算用来对付法军的，如果法国人现在也用这些方法来对付普军，那末这就完全是另外一回事了。在一种情形下被认为是爱国的行为，而在另外一种情形下却是强盗行为和可耻的凶杀行为"❷。这段论述充分说明爱国主义在阶级社会的复杂性，对无产阶级来说是爱国的行为，对资产阶级而言就成了一种"强盗行为/凶杀行为"。以上论述体现出恩格斯强调对爱国主义的理解要从阶级性出发，这启发我们看待爱国主义要有阶级的观点，从阶级实质来深刻认识爱国主义的本质。

第二，批判资产阶级对爱国主义的滥用。由于马克思、恩格斯生活的时代处于资本主义由自由竞争发展到垄断的时期，资本主义矛盾不断

---

❶ 马克思恩格斯全集：第五卷 [M]．北京：人民出版社，1958：178.

❷ 马克思恩格斯全集：第十七卷 [M]．北京：人民出版社，1963：180.

激化，所以综观马克思恩格斯有关爱国主义的表述非常有限，究其原因是当时爱国主义的范畴已经被资产阶级滥用，正如马克思在《法兰西内战》中指出的"资产阶级的纯正的爱国主义，对各国'民族'产业的实际所有者说来是很自然的，但是，由于他们的金融、商业和工业活动已带有世界的性质，这种爱国主义现在已只剩下一个骗人的幌子"。恩格斯与马克思持一致的观点，恩格斯说"这个是对于超爱国主义的胜利底那种狂欢的一个最有效的消毒剂，而德意志底当局和资产阶级便一直沉湎在这个狂欢中"❶。这里的"狂欢"就是对资产阶级滥用爱国主义的一种讽刺说法。"虽然，对于股票交易所的一个爱国的抗议书到处流传——据说，这个抗议书没有署名并且现在显然还是那样，——但是我们听到：公债底数额超过了所能募集的限度。"❷ 这句表述也是恩格斯对资产阶级滥用"爱国"概念来募集款项的批判。

第三，对爱国主义的肯定。尽管恩格斯关于爱国主义的很多论述是从批判和反面的角度进行阐释，但并不意味着恩格斯否定爱国主义，恩格斯还特别肯定中国人民反帝斗争中的爱国主义精神。中国是马克思和恩格斯在理论研究和革命过程中十分关注的国家，特别是对两次鸦片战争的论述，不乏有许多精辟的论述。其中恩格斯《英人对华的新远征》和《波斯和中国》两篇文章中许多论述体现出对中国人民反帝斗争中爱国主义精神的肯定，预言中华民族必将走向光明的未来。

首先，阐明中国人民斗争的性质——"保卫社稷和家园"。恩格斯在《波斯和中国》一文中明确指出"我们不要像道貌岸然的英国报刊那样从道德方面指责中国人的可怕暴行，最好承认这是保卫社稷和家园的战争，这是保存中华民族的人民战争。虽然你可以说，这场战争充满

---

❶ 恩格斯. 恩格斯军事论文选集：第六分册［M］. 曹汀，译. 北京：人民出版社，1952：387.

❷ 恩格斯. 恩格斯军事论文选集：第六分册［M］. 曹汀，译. 北京：人民出版社，1952：192.

这个民族的目空一切的偏见、愚蠢的行动、饱学的愚昧和迂腐的野蛮，但它终究是人民战争。而对于起来反抗的民族在人民战争中所采取的手段，不应当根据公认的正规作战规则或者任何别的抽象标准来衡量，而应当根据这个反抗者民族所刚刚达到的文明程度来衡量"❶。这一段精辟的论述以唯物史观和唯物辩证法科学合理地分析了中国人民在反帝斗争中的行为是爱国主义的保卫祖国家园的行动，尽管在战争中人民表现出来愚昧和无知，但是根据当时的背景和中华民族文明程度，这些行动也是一种合理的爱国主义行为。

其次，对中国人民爱国主义精神的肯定。恩格斯在《波斯和中国》一文中谈到"在中国，这个世界上最古老国家的腐朽的半文明制度，则用自己的手段与欧洲人进行斗争。波斯被打得一败涂地，而绝望的、陷于半瓦解状态的中国，却找到了一种抵抗办法，这种办法实行起来，就不会再有第一次英国对华战争那种节节胜利的形势出现了"❷。恩格斯肯定中国人民是用自己的手段去与欧洲人斗争，将中国与波斯进行比较，在第二次鸦片战争中，中国人民靠着勇气和精神与敌人斗争，在绝望之中寻找希望。对于第二次鸦片战争，恩格斯这样论述："现在，中国人的情绪与1840—1842年战争（第一次鸦片战争）时的情绪已显然不同。那时人民保持平静，让皇帝的军队去同侵略者作战，失败之后，则抱着东方宿命论的态度屈从于敌人的暴力。但是现在，至少在迄今斗争所及的南方各省，民众积极地而且是狂热地参加反对外国人的斗争。"❸"他们宁愿与船同沉海底或者在船上烧死，也不投降。""尽可以把中国人的这种抵抗方法叫做卑劣的、野蛮的、凶残的方法；但是只要这种方法有效，那么对中国人来说又有什么关系呢？"❹ 在《英人对华的新远

---

❶ 马克思恩格斯选集：第一卷 [M]. 北京：人民出版社，2012：799.
❷ 马克思恩格斯选集：第一卷 [M]. 北京：人民出版社，2012：794.
❸ 马克思恩格斯选集：第一卷 [M]. 北京：人民出版社，2012：797.
❹ 马克思恩格斯选集：第一卷 [M]. 北京：人民出版社，2012：798.

征》一文中,恩格斯指出:"英国人在克服了这些困难和逼近镇江城的时候,才充分认识到:这些中国的鞑靼士兵无论军事技术怎样差,但决不缺乏勇敢和锐气。"❶ 从这些论述中可以感受到恩格斯对中国人民的爱国主义精神的充分肯定,同时将中国人民反压迫斗争与国际无产阶级革命事业紧密联系起来,说明中国革命必将对世界现代文明的进步产生深远的影响且作出卓越的贡献。

3. 爱国主义的国际情怀

恩格斯在论述爱国主义相关概念时常提到"国际主义"。恩格斯对于爱国主义的认识始终怀有博大的国际主义情怀。

第一,强调个人利益与全人类利益相一致。恩格斯在《致大不列颠工人阶级》一文中详细地阐释了这一思想:"在英国,顺便说一下,在法国也一样,从来没有一个工人把我看做外国人。我极其满意地看到你们已经摆脱了民族偏见和民族优越感这些极端有害的东西,它们归根结底不过是大规模的利己主义而已。我看到你们同情每一个真诚地致力于人类进步的人,不管他是不是英国人;我看到你们仰慕一切伟大的美好的事物,不论它是不是在你们祖国的土地上培育的。我确信,你们不仅仅是英国人,不仅仅是单个的、孤立的民族的成员;我确信,你们是认识到自己的利益和全人类的利益相一致的人,是伟大的人类大家庭的成员。对你们作为这样的人,作为这个'统一而不可分的'人类家庭的成员,作为真正符合人这个词的含义的人,我以及大陆上其他许多人祝贺你们在各方面的进步,并希望你们很快获得成功。"❷"你们前进中的每一步都将为我们共同的事业,人类的事业所共有!"这一段表述深刻论述了真正的爱国是致力于人类的进步,是认识到自己的利益和全人类利益相一致。这一思想马克思和恩格斯在《共产党宣言》中也有表述,

---

❶ 马克思恩格斯论中国[M]. 北京:人民出版社,2018:58.
❷ 马克思恩格斯选集:第一卷 [M]. 北京:人民出版社,2012:82-83.

即"共产党人强调和坚持整个无产阶级共同的不分民族的利益❶"。

第二,实现爱国主义要加强国际联合。1871年,恩格斯在《关于马志尼和国际的关系的发言报道》中谈到:"指责说国际否认祖国,这是无稽之谈。国际力求团结,而不是分裂。它反对关于民族的口号,因为这个口号的目的是各族人民的分离,暴君们往往利用这个口号来散播偏见和仇恨;拉丁族和条顿族之间的竞争造成了最近这次毁灭性的战争,拿破仑和俾斯麦都同样利用了它。"❷ 马克思恩格斯领导的第一国际(国际工人协会)力求团结全世界无产阶级,并非简单地否定爱国主义,而是批判对爱国主义这一范畴的误用所带来的各族人民的分裂,恩格斯在这里强调爱国主义的具体实现方式应该是加强国际联合,力求团结,这是具有博大国际情怀的爱国主义。此外,恩格斯在《致保尔·恩斯特》的信中指出:"当德国再次被卷入历史的运动的时候,德国的小市民阶层仍然保留着这种性格;这种性格十分顽强,在我国的工人阶级最后打破这种狭窄的框框以前,它都作为一种普遍的德国典型,也给德国的所有其他社会阶级或多或少地打上它的烙印。德国工人'没有祖国',这一点正是最强烈地表现在他们已经完全摆脱了德国小市民阶层的狭隘性。"❸ 这段表述中,工人"没有祖国"直接强调了实现爱国主义的世界眼光,要加强国际联合。这也启发我们要从国际主义的视角理解爱国主义,从而更深入地认识人类命运共同体。

三、关于公平正义的论述

首先,"平等"是在实际生活中,在社会和经济领域中实行。马克思在《反杜林论》中指出,"无产阶级抓住了资产阶级所说的话,指出:平等应当不仅仅是表面的,不仅仅在国家的领域中实行,它还应当

---

❶ 马克思恩格斯选集:第一卷 [M]. 北京:人民出版社,2012:413.
❷ 马克思恩格斯选集:第一卷 [M]. 北京:人民出版社,2012:688.
❸ 马克思恩格斯选集:第四卷 [M]. 北京:人民出版社,2012:596.

是实际的，还应当在社会的、经济的领域中实行。"❶

其次，公平正义的理念具有时代性。马克思指出社会存在决定社会意识，社会意识是社会存在的反映，有什么样的生产力以及与之相适应的社会生产关系，就有什么样的"公平正义"的价值理念。从社会主义自身的发展进程看，与共产主义社会高级阶段相比较，社会主义社会初级阶段的平等诉求显然是不完全、不充分的。即便是共产主义社会第一阶段的社会主义社会，由于"它不是在它自身基础上已经发展了的，恰好相反，是刚刚从资本主义社会中产生出来的"❷，因而，它在经济基础和上层建筑等诸多方面都还带着旧社会的印记。所以，社会主义社会在分配领域内实行的是"各尽所能，按劳分配"。到了共产主义社会高级阶段，"在迫使个人奴隶般地服从分工的情形已经消失，从而脑力劳动和体力劳动的对立也随之消失之后；在劳动已经不仅仅是谋生的手段，而且本身成了生活的第一需要之后；在随着个人的全面发展，他们的生产力也增长起来，而集体财富的一切源泉都充分涌流之后，才能完全超出资产阶级权利的狭隘眼界，社会才能在自己的旗帜上写上：各尽所能，按需分配！"❸

四、关于敬业劳动的论述

马克思、恩格斯的许多论述都反映出对于劳动的崇尚和对于异化劳动的批判。"劳心者治人，劳力者治于人"。马克思、恩格斯批判资本主义社会的异化劳动，马克思认为，人作为类存在物，通过对象化劳动或者物化劳动集中体现了"自由自觉的活动"的本质。即人之所以成为人，是因为人通过劳动，在劳动中创造性地实现自己、发展自己。但是，在资本主义的雇佣劳动制度下，人生命的自由的体现，人的各种能

---

❶ 马克思恩格斯选集：第三卷 [M]. 北京：人民出版社，2012：484.
❷ 马克思恩格斯选集：第三卷 [M]. 北京：人民出版社，1995：304.
❸ 马克思恩格斯选集：第三卷 [M]. 北京：人民出版社，1995：305-306.

力、各种潜能的发挥，人丰富个性的表现已经不再是劳动，因而劳动具有了强制的性质，不再是一种享受。在劳动中，劳动者不是自由地发挥自己的力量和潜能，而是对自己肉体的折磨与精神的摧残。因此，资本主义社会的异化劳动"不是满足一种需要，而只是满足劳动以外的那些需要的一种手段"。

五、引领社会主义核心价值观的相关论述

列宁指出，"工人本来也不可能有社会民主主义的意识。这种意识只能从外面灌输进去。各国的历史都证明：工人阶级单靠自己的力量，只能形成工联主义的意识"。马克思也曾指出，"理论一经掌握群众，也会变成物质力量"。因此，国家进行意识形态的管理需要加强对群众的引领和教育。同样社会主义核心价值观也需要进行引领，使其被群众掌握，变成物质力量，推动国家的发展。

第四节 我国社会主义核心价值观培育和践行的现状

从我国社会历史发展来看，中国社会核心价值观在漫长的历史发展中，在内容上完成了从儒家思想向马克思主义的转变；在空间上经历了从两汉儒学、宋明理学到马克思主义中国化的三次大整合，也经历了从先秦诸子百家争鸣、新文化运动的思想启蒙和当代多元文化并存的三次内部争论，还遭遇了从汉代佛教传入、明末清初基督教冲击、近代西方思潮涌入到当代全球化冲击的四次外部冲击；在时间上经历了封建保守主义、近代激进主义和当代保守主义与激进主义并存的三个时期。最终，它按照理论与实践、思想与历史结合的发展逻辑，在不断进行创造性转化和创新性发展的过程中，融合为当代中国社会独特的核心价值

观,初步构建了"马克思主义为主、传统价值为根、西方价值为辅"的核心价值体系。❶ 就具体表述而言,党的十八大报告中指出社会主义核心价值观的 24 个字,即"富强、民主、文明、和谐,自由、平等、公正、法治,爱国、敬业、诚信、友善",它既具有确定性,又具有不确定性。首先,这 24 个字是对中国特色社会主义事业核心价值的反映,是现阶段的最大共识,它是客观存在的,也是确定的。然而我们对社会主义核心价值观内涵的认识又是不确定的,它不仅仅停留在上述 24 个字上,我们在不同的背景和不同的角度对社会主义核心价值观的认识是不同的,也需要对其进行涵养。社会主义核心价值观的内涵是不断发展的,随着时代背景的变化,随着历史的推移,社会主义核心价值观也会被注入新的内容,从而进行新的凝练和解释,所以社会主义核心价值观的内涵又是不确定的。

为了阐述社会主义核心价值观在我国培育和践行的现状,本研究选取北京市大学生为研究群体,通过质性研究手段——斯宾德勒价值观测评技术展开调研,了解新时代大学生群体的社会主义核心价值观现状。斯宾德勒价值观测评技术是在种族志方法指导下,由美国著名教育人类学家乔治·斯宾德勒(George Spindler)以及他的夫人路易斯·斯宾德勒(Louise Spindler)提出的一种研究方法,专门针对价值观这一特定研究对象,在美国多年的教育实践活动中取得了丰硕的研究成果。基于此,笔者尝试对这一研究方法进行介绍,并且将其运用到我国大学生价值观的研究中来。

一、斯宾德勒价值观测评技术

美国著名教育人类学家乔治·斯宾德勒以及他的夫人路易斯·斯宾德勒作为一个研究团队,用他们毕生的研究实现了人类学的革新,并且

---

❶ 邱吉,朱舒坤. 中国社会核心价值观变迁成因及启示[J]. 教学与研究,2018(2):35–38.

建立了教育人类学的基础。他们在 50 余年的学术生涯中，涉足了许多有关文化、学校和社会等研究课题。其中最具代表性的就是他们在试图探讨美国主流价值观的过程中提出的"价值观测评技术"（Values Projective Technique）。

斯宾德勒价值观测评技术是在种族志研究方法的指导下提出的。种族志（Ethnography，又译种族志、俗民志）研究法最早起源于19世纪的西方人类学，在20世纪初成为人类学研究的核心方法。该方法属于质性研究方法中的一种，主要研究特定社会群体的文化，包括价值观、信仰、行为、语言等。它要求研究者在文化研究的视域下，摒弃主观臆想和预加判断，以参与者的身份进入群体中，仔细观察记录，通过切身体验来了解群体的真实想法并分析背后的原因。该方法主要具有以下几方面的特征：一是现实性。种族志研究法要求研究者必须进入现实生活中，客观中立地去收集现实资料和数据，以现实情景和人们的真实想法为依据，而非已有的经验和价值判断。二是整体性。种族志研究法要求把研究对象看成一个社会群体，用全局的、整体的视角来分析和审视，强调对微观问题的宏观把握。三是互动性。种族志研究法要求研究者关注政治、经济、文化和历史等多方面的影响因素，把研究群体置于互动的社会背景下。同时，关注研究结果的发展性，即不断更新研究结论。四是描述性。种族志研究方法最具代表性的提问方式就是研究者提出问题的前半句，被调查者根据自己的真实想法和第一反应续写句子的后半句。整个过程都是以描述和讲述的方式进行，并且研究的主旨就是描述事实，对于结果的分析和结论的呈现也都是以描述的方式展开。此外，需要注意的是，种族志研究法作为一种质性研究方法，它不排斥其他研究方法，如量化研究法等，它更强调多种方法的相互融合。

斯宾德勒价值观测评技术由斯宾德勒夫妇于1952年提出并于同年在斯坦福大学的学生中展开，每年收集一次数据，一直持续到1990年。学生既包括本科生也包括研究生，之后又收集了包括美国威斯康星大学麦迪逊分校、加利福尼亚大学圣巴巴拉分校、阿拉斯加大学费尔班克斯分校、旧金山大学、索诺马州立大学的同类型数据，并且在研究过程中划分了年龄范围。该测评技术内容包括 24 个续写语句以及要求被调查者用一段话描述理想中的美国人。其中这 24 个续写语句的内容是"I wish my parents had…""All men are born…""Artists are…""Honesty is…""Anyone can get to the top if they…""Intellectuals should…""If I had a son I would want him to…""College professors should…""The most successful people…""Wealthy people should…""Everyone should want to…""The future is…""I wish I had…""What counts is what a person…""It isn't a person's background that counts, it is what…""The individual is…""Nudity is…""In order to be successful one has to…""French night clubs are…""The standard of living of the laboring classes should…""It isn't what one says that counts, it is what one…""Time is…""There's no use crying…""Popular people are…"❶ 这些问题涉及价值观体系下价值目标、人生态度和价值标准等方面的内容，要求被调查者写出头脑中第一想到的内容。以上调查问题是 1952 年由一些专门研究美国文化的人类学家设计出来的，每一个问题都有出处和合理性分析，因此其专业性与科学性很高。经过大约 40 年的研究，运用价值观测技术来研究美国大学生主流价值观这一问题已经取得了丰硕的研究成果，这些成果有助于相关机构掌握美国大学生价值观的现状。因而该研究的成果能够广泛地运用到美国大学生的价值观教育中去。

当然，作为一种研究方法，该测评技术也不可避免地存在一些弊

---

❶ 以上 24 个续写语句可译为"但愿我的父母拥有……""人生而……""艺术家是……""诚信是……""每个人都能够成功，只要你……""知识分子应该是……""如果我有孩子，我希望他……""大学教授应该是……""最成功的人……""富人应该做……""每个人都应该要……""未来是……""但愿我有……""重要的是一个人……""人的背景不重要，重要的是……""个人是……""裸体是……""为了成功，人应该……""法国夜总会是……""劳动阶级的标准生活应该是……""不是一个人说什么重要，而是一个人……""时间是……""哭没用……""名人是……"

端，如研究者很难始终保持客观中立的态度，大量描述性语句给数据的统计和分析带来了很大的难度，整个研究过程耗时长，结果的精确性受到质疑，等等。但是作为一种新的研究范式，其有助于我们更贴近现实生活，有助于我们分析复杂的、难以量化的社会现象，有助于我们对微观问题进行全局把握，特别是对研究大学生核心价值观这一问题具有重要的意义。

二、斯宾德勒价值观测评技术在北京大学生价值观调查研究中的运用

正是因为斯宾德勒价值观测评技术既有科学的方法论基础，又有翔实、可操作性的内容，而且在美国多年的教育实践活动中接受过检验，所以我们可以有选择地对它加以借鉴，笔者选取了北京地区的大学生进行调查研究。

首先，我们有必要对斯宾德勒价值观测评技术与我国大学生价值观调查研究的相融性做一定的分析。第一，"中国大学生价值观"既是重要的人类学问题，也是重要的教育学问题。大学生既是重要的社会群体，也是教育体系中的重要组成部分。而价值观更是关系每一个个体，与人们社会生活息息相关的基础性问题，它与社会文化息息相关，因而完全适用于斯宾德勒价值观测评技术。第二，"中国大学生价值观"是关系社会文化生活的宏观抽象问题。大学生价值观与政治、经济、文化、历史等诸多因素息息相关，它既具有相对稳定性，也具有与时俱进性。它的相对稳定性使得运用科学方法对其进行描述是可能的，而它的与时俱进性也正好契合了种族志研究法的特征。第三，"中国大学生价值观"是对微观个体进行宏观概括的抽象问题。就大学生个体而言，它是一个微观问题，而对大学生群体而言又是一个宏观问题。要对这样一个群体的价值观做一个宏观概括和分析，正好契合了种族志研究方法的优势。同时，大学生价值观又是一个抽象问题，很难用具体的数字来进

行分析和比较，它需要借助价值观测评技术进行深刻的描述和分析。因此，从方法论的角度来看，斯宾德勒价值观测评技术与中国大学生价值观调查研究具有相融性。我们利用斯宾德勒价值观测评技术，选择北京地区大学生作为调查对象，具有合理性基础。

其次，笔者在北京地区开展过斯宾德勒价值观测评技术的过程介绍。笔者于 2016 年 6 月开始设计调查方案，调查内容主要以斯宾德勒的价值观测评技术为蓝本，结合翻译规则、语境和现实情况完成问卷的设计，内容包括："但愿我的父母拥有……""人生而……""艺术家是……""诚信是……""每个人都能够成功，只要你……""知识分子应该是……""如果我有孩子，我希望他/她……""大学教授应该是……""最成功的人是……""富人应该做……""每个人都应该要……""未来是……""但愿我有……""重要的是一个人……""人的背景不重要，重要的是……""个人是……""集体是……""你认为裸体……""为了成功，人应该……""劳动阶级的标准生活应该是……""不是一个人说什么重要，而是一个人……""时间是……""哭没用……""名人是……"以上 24 道续写题以及一道简答题"用一小段话来描述你心中理想的中国人"，要求被调查者写出头脑中第一想到的内容。笔者于 2016 年 7 月至 9 月展开调研，走进校园和课堂，调查对象包括中国人民大学、中央财经大学、北京交通大学、北京工商大学、中国青年政治学院、中央民族大学、北京工业大学、首都经济贸易大学等 10 多所北京高校的本科生。共发放问卷 400 份，回收有效问卷 309 份，主要在课堂上完成。调查结束后，笔者按照斯宾德勒的分析方法，先编码（录入所有答案），然后根据概念类别和属性进行分类，同时划分积极回答与消极回答，计算频率，然后进行描述分析。通过以上几个阶段来对资料进行解读，从而提炼出我国大学生的价值观内容和特征。

最后，笔者根据对研究结果的整理、归类、统计，参考斯宾德勒的分析方法，对研究结果做了如下几点分析。

第一，综合所有回答，发现其中出现频率较高的词包括：努力（630次）、健康（356次）、善良和友善（308次）、快乐和幸福（305次）、素质和内涵（256次）、爱国（207次）、诚信（191次）、有知识有文化（172次）、金钱（158次）、平等（140次）、坚持（131次）、自由（96次）、爱家（72次）、智慧（71次）。这充分说明调查对象所反映出来的主流价值观大部分都是积极向上的，他们强调个人努力，强调与人为善，尽管这一批"90后"大学生更多表现出个性化与多样化，但爱国爱家依然是他们心中不变的主题。当然还有对自由、平等及文化知识的强调等。对"金钱"的强调应该是随时代发展主流价值观出现变化的重要表现之一，笔者通过大学生对问卷中大部分问题的回答窥探到当代大学生的金钱观出现了一些新的特征。

第二，选取部分续写语句及其频率较高的答案，组合起来形成对核心价值观的连贯描述。具体描述如下：人人生而平等（36.5%）；诚信是做人之本（33.9%）；每个人都能够成功只要你付出努力（60.1%）；最成功的人是活得开心幸福的人（20.0%）；人的背景不重要，重要的是这个人有多努力（30%）；个人是集体的一部分（26.1%），个人是渺小的（14.0%）；集体是个人的集合（34.8%），是团结的（14.2%）是强大的（14.5%）；为了成功，人应该努力奋斗（66.4%）；不是一个人说什么重要，而是一个人做什么重要（76.1%）；时间是宝贵重要的（31.9%）；哭没用，做好才有用（18.0%）。相比单词，这些语句更加生动形象地描述了当代大学生的价值观，我们也可以看出这些主流价值观与我国所倡导的社会主义核心价值观的主基调基本上是一致的。

第三，从学生对一些特定社会群体和事物的看法考察学生的核心价值观。对于艺术家这一群体的看法：12.7%的学生认为艺术家是有创造力的；11.7%的学生认为艺术家是有个性的、具有与众不同思维方式的人；8.0%的学生认为艺术家是疯狂的。对于知识分子这一群体的看法：24.3%的学生认为知识分子是博学的、有文化的；14.8%的学生认为知识分子是有修养、有内涵的；9.8%的学生认为知识分子是国之栋梁，要服务于国家和社会的建设。对于大学教授的看法：26.1%的学生认为大学教授应该是渊博的、有知识的；13.5%的学生认为大学教授是教书育人、传递知识的；9.2%的学生认为大学教授是和蔼可亲、理解学生的；7.0%的学生认为大学教授是学术上有造诣，专业功底扎实的。以上这些问题通过调查大学生群体对于艺术家、知识分子和大学教授这些从事精神文明建设的人群的看法，反映出大学生群体某一方面的价值倾向。如果将这些观点与我国社会主义革命时期和社会主义建设时期大学生的观点进行比较，一定能够看出其中的差异性。这在一定程度上体现出社会总体的进步与发展，以及大学生群体对精神文化的需求日益增多。

第四，从学生的价值目标来看，在设置的24个续写题中有如下几题关系价值目标，分别是第1题"但愿我的父母拥有……"，第7题"如果我有孩子，我希望他/她……"，第13题"但愿我有……"相关回答及其数据如图1-1~图1-3所示。

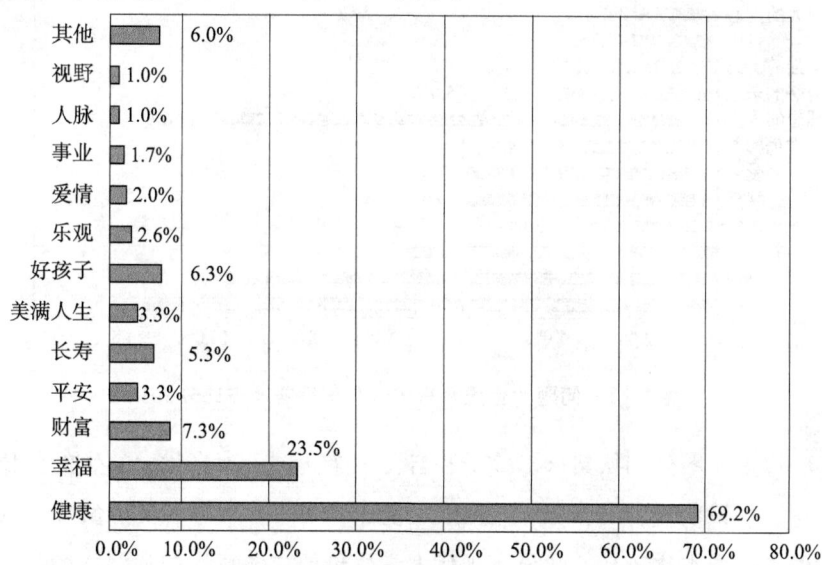

图1-1 问题"但愿我的父母拥有……"的回答及占比分析

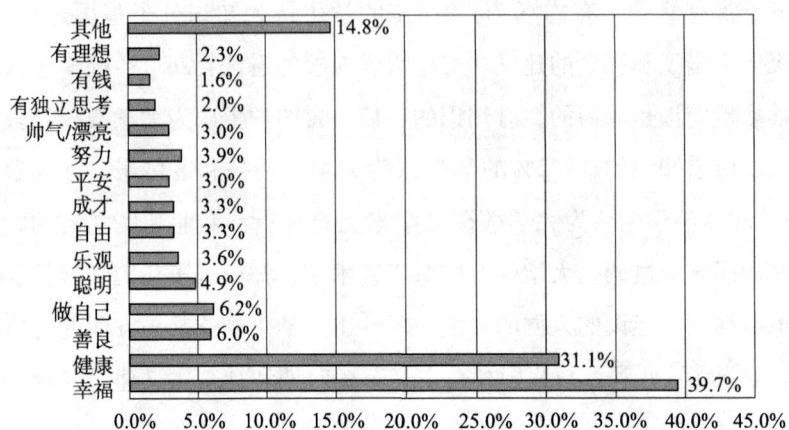

图1-2 问题"如果我有孩子,我希望他/她……"的回答及占比分析

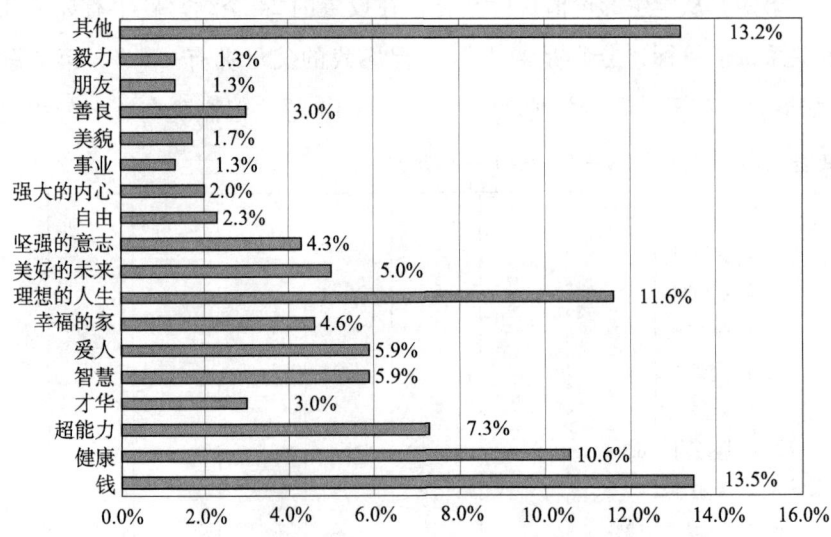

图1-3 问题"但愿我有……"的回答及占比分析

以上3图分别从父母、孩子和自己三个角度考察当代大学生的价值目标,可以明显看出诸如"金钱""健康""幸福"等自我价值和个人价值的成分占比较高,凸显出当代大学生价值主体意识的觉醒,增加了对自我的思考。对于大学生金钱观的新特征,可以从以下几个方面进行

分析：首先，从我国历史发展的大背景来看，由于生产力的落后对国家发展的制约，我国经历了长期的"以经济建设"为中心的时期，我们曾一度在很长一段时期里大力进行物质文明的建设，并且取得了显著的成绩，人们的生活水平日益提高，人们日益享受到经济进步带来的转变。其次，从我国人口结构和社会现状看，当前大学生大多是"00后"，大多都是独生子女，成长在物质充裕、"众人宠爱"的环境下，关注"实用""自我"成为新时期大学生的新特征，主要体现在对于金钱的看重。最后，从社会心理角度来看，大学校园中不同家庭背景的学生生活在一起，难免出现攀比等现象，对于心智不成熟的大学生而言，金钱的功能被日益强化，因而在大学生价值判断过程中，往往把金钱视作一个重要的标准。

第五，在分析过程中，也不可忽视一些有负面意义的回答。既要看到主流的价值观，也要注意一些非主流思想的存在。例如：人生而不平等（4.2%），人生而很累（5.0%）；艺术家是奇怪的（1.7%），是骗子（0.7%）；诚信是很难一直保持到老的（2.0%）；每个人都能够成功，只要你有背景（2.0%）；如果我有孩子，我希望他/她不出生（0.7%）；富人应该做想做的事，如享乐等（7.6%）；大学教授是看重功名利禄的（1.7%）；为了成功，人应该不择手段（6.3%），应该变坏（0.7%）。此外，对于"人的背景不重要，重要的是……"这一题，负面意义的回答并非少数，有10.0%的学生直接反驳前半句，指出背景很重要。我们对于价值观的认知，也应如对社会的认知一样，全面而完整。任何事物都具有两面性，有白有黑，有好有坏，有积极也有消极，我们在分析价值观的时候也需要注意这些消极的内容，特别是其中一些占据比例并不小的负面回答，都是我们分析价值观的重要素材。

第六，从"描述你心中理想的中国人"这个角度来考察大学生的价值观。针对这一题的回答，笔者根据斯宾德勒分类法，整理出了相关核心词汇，其中主要词汇和相关频率见表1-1。

表1-1 对于问题"描述你心中理想的中国人"回答的整理和占比情况

爱国	友善	团结	有理想	素质高	文明	善良	诚信
37.9%	17.0%	12.4%	11.0%	10.3%	10.3%	9.2%	9.2%
努力	乐观	勤劳	有担当	有文化	敬业	理智	有道德
9.2%	7.4%	7.4%	6.0%	6.0%	5.7%	5.7%	5.0%
聪慧	有思想	自由	创新	有自我	谦虚	勇敢	平等
5.0%	3.9%	3.9%	3.9%	3.9%	3.5%	3.5%	3.5%
正直	包容	自强	和谐	富强	爱学习	有骨气	其他
3.2%	3.2%	3.2%	3.2%	3.2%	2.8%	2.5%	—

根据相关回答和笔者的分析及整理，基本上可以看到当代大学生心中所谓理想中国人的基本特征，也是他们心中理想的标杆，这其中有一些是对我国传统文化价值观的沿袭，如爱国、团结、勤劳、勇敢、敬业等，也有一些诸如对自我、自由、理智和独立思想的强调。我们既可以感知一些一以贯之的价值观，也可以发现一些新的转变。

三、运用斯宾德勒价值观测评技术调查北京大学生价值观的结论

根据以上调查分析，结合研究者调查全过程的所听、所想、所感，可初步得出以下结论。

首先，当前大学生价值观主要呈现以下三方面的特征。

第一，主导性与多样性相结合。尽管对当前"90后"甚至"95后"大学生的价值观评价多呈负面，但是笔者根据实际调研，秉着客观、中立的态度审视抽样结果的调查数据，明显感受到当代大学生受主流价值观和我国传统文化的影响很深，骨子里还是深深印刻着我国一直以来倡导的诸如爱国、团结、诚信、敬业、友善等主流文化。对于问卷中25个问题的回答，社会主导的、积极向上的观点还是占绝大多数。所以，从整体上看，当代大学生的核心价值观与社会主导的核心价值观是一致的，体现出主导性的特征。这与我国一直强调马克思主义主导思

想，强调价值观教育，强调对优秀传统文化的继承与弘扬是分不开的。此外，根据笔者整理调查结果的过程，其回答的多样性也是一个明显的特征。在经过归类、整理之后，有的问题答案种类甚至超过100种，同样的题面，学生在第一反应下回答的视角、观点各异，表现出明显的多样化。当代大学生处于全新的时代环境背景下，社会变幻万千、新旧交替，网络带来的海量信息，以及社会开放程度的日益加剧，西方文化对我国精神文化领域的强劲冲击等，这些因素都使得当代大学生思想活跃，想法多样，价值观也呈现出多样性的特征。

第二，社会性与自主性相结合。根据问卷调查结果，25个问题中有17个问题的答案关涉社会、集体与国家，具体包括"人生而贡献社会""艺术家是为社会添彩的人""诚信是社会的基础""知识分子应该是推进社会进步的""如果我有孩子，希望他/她为国家和社会做贡献""大学教授应该是有强烈社会责任感的""最成功的人是为社会做出贡献的""富人应该贡献国家社会""每个人都要奉献国家社会""未来是中华崛起""但愿我有贡献国家的力量""重要的是一个人为社会做贡献""个人是集体的一部分""集体是强大的""劳动阶级的标准生活是服务祖国""名人是贡献社会的人""心中理想的中国人是贡献国家、以大局为重的人"。这充分说明当代大学生在我国传统文化影响下和长期以来的爱国主义、集体主义教育影响下形成了国家、社会和集体至上的价值观，这一点是毋庸置疑的。同时，随着经济的发展和时代的进步，学生心中也不断体现出自我意识的觉醒，比如学生们指出"如果我有孩子，我希望他/她做自己""最成功的人是活出自我的人""每个人都应该要坚守自我""未来是掌握在自己手中的""但愿我有自我""重要的是一个人爱自己""理想的中国人是坚守自我的人"。此外，在调查中凸显的大学生金钱观的转变、对于自我意识的强调，以及在调查结果中有关价值目标问题的回答多半是从个人和自我的角度设定价值目标，以上都充分说明当代大学生价值观的自主性特征，所以体现出社会性与自主性相结合的特点。

第三,理想化与理性化相结合。在本次抽样调查中,大多数调查对象在回答过程中透露出来理想主义,如"但愿我的父母拥有一切""但愿我有超能力""未来是充满希望的""每个人都能成功,只要你努力"等都能够体现出当代大学生是满怀理想的,也是乐观向上的。此外,随着大学生们逐渐接触社会,随着他们心性的逐渐成熟,加上网络传媒以及如拜金主义、实用主义等社会思潮的影响,他们也开始显现出理性化的倾向。如强调希望父母有人脉、强调背景很重要、希望自己有更多的钱,尤其是对于劳动阶级的标准生活以及理想的中国人这两题的回答,更多是有吃、有喝、有房、有车、有钱、有爱人等非常实际与理性的回答,因而可以看出明显的理性化倾向。因而当代大学生的价值观也呈现出了理想化与理性化相结合的特点。

另外,需要补充的是,以上三方面的特征必须结合起来说明当代大学生的价值观特征。对于任何一方的偏重都是不全面、不客观的。由于当代社会处于转型期,各种经济因素、社会因素、文化因素杂糅交错在一起,所以在此基础上的大学生价值观的特征也是多方面的、综合的,既不可以盲目乐观,也不可以盲目消极。

其次,当前大学生价值观可以概括为以下三方面的内容。第一,价值目标层面上的健康、幸福、智慧和善良。其中,"健康"既包括身体健康,也包括心理健康。"幸福"包括快乐、平安、美满等很多含义。"智慧"不仅包括有知识、有学识,还包括规划自己人生的智慧、与人交往的智慧、做好工作的智慧等许多方面。"善良"是一种对家人、对他人的关爱、友善之情。第二,人生态度层面上的乐观、努力、坚持和独立。"乐观"是指一种积极向上的人生态度。"努力"是一种奋斗、拼搏的人生态度,相信事在人为,只要努力就一定会成功。"坚持"指一种坚忍不拔、意志坚强的态度。"独立"是指有自己的独立人格、有自己的独立思想、不盲目从众的心态。第三,价值标准层面上的爱国、诚信、平等和自由。"爱国"是指对祖国、社会和人民的热爱，时刻以大局为重，心怀国家。"诚信"是以诚待人、以诚待己，它是做人的基本准则，也是重要的价值标杆。"平等"包括人格平等、权利平等、机会平等、资源平等多方面的内容。"自由"是指法律范围内的自由意志和自由权利等。之所以概括为以上三方面有以下几点原因：一是出于与社会主义核心价值观进行比较的目的。由于该研究目的之一是考察当代大学生价值观与社会主义核心价值观是否契合，所以在形式上参考借鉴了社会主义核心价值观的三个层面以及 24 个字的格式。二是由于价值观包括价值目标、人生态度和价值标准三层内容，所以笔者试图从以上三个方面进行概括。三是遵循主导性与多样性相结合、社会性与自主性相结合及理想化与理性化相结合三方面的特征，以现实情况为依据，以现实数据为依据进行一定的概括。当然由于调查存在的局限性、样本存在的局限性以及研究者水平的局限性，该概括只是一种尝试，试图从已有的调研结果中提出一些个人的观点和看法。

综上所述，当代大学生价值观与社会主义核心价值观既存在着契合的一面，也存在着差异性的一面。通过以上研究结果和笔者得出的初步结论，可以看出当代大学生价值观的主基调和方向与社会主义核心价值观基本一致。具体来看，两者在爱国、诚信、平等、自由和友善等方面都是一致的。这是因为，大学生群体是中国特色社会主义制度下的群体，其必然要受到大环境各方面的影响，而对价值观起决定性作用的政治基础、经济基础、文化基础、社会基础等都与社会主义中国完全一致，因此，两者必然有着相契合的一面。此外，由于我国当代大学生是中国特色社会主义制度下的一个特殊群体，他们有着自身的特色，在价值观方面，除了体现出来的共性外，还表现出了许多个性。具体体现在，作为一个青年群体，他们要求奋进、强调乐观与坚持，要求独立。而作为一个学生群体，他们又有着对家庭、对学校的依赖，因而体现出他们对健康、幸福的追求。而作为一个知识群体，又有着对智慧的追求。因而体现出了他们与社会主义核心价值观的差异。所以，社会主义核心价值观与当代大学生价值观是共性与个性的关系，也是普遍性与特殊性的关系。

运用斯宾德勒价值观测评技术研究当代大学生价值观是一种全新的尝试。它突破了原有的调查研究方法和分析方法，以一种全新的手段和方法展开整个调研过程，对于调查者本身而言也是一个巨大的挑战。但是通过调查过程的展开，对数据结果的分析及调查结论的形成，可以证明该方法是价值观研究领域可行的研究手段，至少是一个获取资料的有效手段。它促使我们的研究真正关注现实与自然，走进学生群体中，了解研究对象的真实想法，而非仅仅依靠已有的理论研究成果和我们的经验。

第二章
我国社会主义核心价值观培育和践行的优良传统

习近平总书记指出,"站立在 960 万平方公里的广袤土地上,吸吮着中华民族漫长奋斗积累的文化养分,拥有 13 亿中国人民聚合的磅礴之力,我们走自己的路,具有无比广阔的舞台,具有无比深厚的历史底蕴,具有无比强大的前进定力。中国人民应该有这个信心,每一个中国人都应该有这个信心"。❶ 中华民族有着五千年的文明历史,英国历史学家汤因比指出,世界上只有中国的文化体系是唯一幸存至今的长期延续发展而从未中断过的文化体系,表现出无与伦比的强大生命力。我国社会主义核心价值观深深根植于中华优秀传统文化之中。

第一节 孕育社会主义核心价值观的历史背景

社会主义核心价值观深深根植于中国历史和传统文化之中,要理解

---

❶ 习近平谈治国理政:第二卷 [M]. 北京:外文出版社,2017:339.

其内涵必须追溯我国文明发展的历史背景。

一、独特的历史地理环境

马克思曾经说过:"资本的祖国不是草木繁茂的热带,而是温带。不是土壤的绝对肥力,而是它的差异性和它的自然产品的多样性,形成社会分工的自然基础,并且通过人所处的自然环境的变化,促使他们自己的需要、能力、劳动资料和劳动方式趋于多样化。"❶ 马克思分析了人类发挥主观能动性改造自然,形成了自己的文明,其中一个重要元素就是自然本身的特点。我国陆地面积约960万平方千米,是一个多山的国家,山地、高原面积广大。地势西高东低,呈阶梯状分布。东西相距约5000千米,大陆海岸线长达18000多千米,气温降水的组合多种多样,形成了多种多样的气候。随着气候和季风的变化,我国冬夏两季平均气温比同纬度的其他地区偏高,这些特点营造了我国相对比较优越的地理环境,为我国古代传统农业提供了比较适宜的发展条件。在新石器时代后期,不同文化区域的多元发展,如陕西、山西、河南、山东、湖北、长江中下游等区域文化,逐渐形成了以中原为核心,以黄河、长江文化为主体,联结周围区域文化的格局。故中华文明的起源与形成是由多元的区系文明不断融合而成,其整合的模式是以中原华夏地区和华夏族的文明为核心,核心与周边互相吸收、互相融合而形成多元一体的文明格局。❷ 这种独特的地理环境为中华五千年文明的源远流长起到了重要的作用。一位研究中国古代史的美国学者曾提到"中华帝国最为突出的特征是其辽阔的疆土及多元的族群"。

二、农耕文化

优越的生态条件和地理环境孕育了我国特有的农耕文化。农耕文化

---

❶ 马克思恩格斯选集:第三卷[M]. 北京:人民出版社,2012:240.
❷ 陈来. 中华文明的核心价值[M]. 北京:生活·读书·新知三联书店,2015:2.

是中国传统文化的重要源头。在物质层面，农耕文化表现为农民、农具、生活用品等有形的器物形态；在精神层面，农耕文化表现为天人合一、顺应自然、自给自足与和谐包容。其最重要的特征是农耕文化使得人们生活在一个"熟人社会"，人与人、人与社会的关系日益密切，调节关系的不是法律规范而是情谊。具体而言，农耕文化是中华民族延绵不绝、生生不息、发展壮大的精神厚土，对中华民族坚韧不拔、顺应自然、因地制宜、勇于创新等优良品质的养成以及对我国传统价值观的形成起到了重要作用。此外，农耕文化孕育了中华民族以和为贵的价值理念，表现为农耕生活的平实、和谐与安宁，使中华民族热爱生活、追求和平，造就了形式多样的民俗文化，人民的生活丰富多彩，特别是铸就了中华民族以"和"为价值精髓的理念。以天人合一的思想，追求着人与自然和谐、人与社会和谐、人与人和谐的思想，所以中华民族强调"己所不欲，勿施于人"。和谐理念塑造了中华民族的价值取向、行为规范，支撑中华民族不断走向和谐共生的道路，这是农耕文化的核心理念。

三、以血缘关系为纽带的封建宗法制

早期的中国古代社会被定义为"宗法型社会"，即政治关系以及其他社会关系，都依照宗法的血缘关系或亲属关系来规范和调节。❶ 我国古代从西周到春秋时期都属于宗法型社会，社会关系主要以亲属关系为原则。在这种社会中，重情义而非规则，重义务而不是权利。春秋时期之后，政治领域的宗法关系逐渐解体，但是社会领域形成的文明特征和文明精神被流传下来。在中国古代历史中，夏、商、周三个朝代发展着一种连续性的气质，对中华文明的定型和形成发挥了重要的作用，其中比较集中的表现包括重孝、崇德、亲人、向善。其中最突出的就是对家

---

❶ 陈来.中华文明的核心价值［M］.北京：生活·读书·新知三联书店，2015：37.

庭强烈的亲和情感，对家族关系的依赖和对生活的热爱。

四、中华文明形成之初的宇宙观和世界观

由于五千年中华文明没有中断，因此考察社会主义核心价值观的传统，要从中国古代的哲学基础开始研究。古代中华文明的哲学宇宙观是强调连续、动态、关联、关系、整体的观点，而不是重视静止、孤立、实体、主客二分的自我中心哲学。❶ 首先，表现为有机主义的自生论宇宙观，即认为世界是自然产生的，不是神创的。因此，中国古代神话中没有关于创世的内容，但是有许多关于祖先崇拜的内容。其次，表现为注重关联性的宇宙观。在中国古代哲学中，"气"论是中国哲学中关于存在论的主要观点之一。这里的"气"就是指运动变化的、细微的存在物。"气"论反对虚空，认为任何虚空里面都充满了"气"，强调"气"的连续性、运动性和关联性。所以中华文明又称为"连续性文明"，与中国古代这一哲学基础有关。此外，中国古代关于阴阳的观点也体现了关联性的宇宙观。汉代董仲舒说"天地之气，合二为一；分为阴阳，判为四时，列为五行"，这里的阴阳、四时和五行都是天地之气分化出来的不同形态，强调运动变化和关联性，后来由此发展出一套关联宇宙图式的建构。

第二节 社会主义核心价值观培育和践行的传统

长期以来，由于中国在全球话语领域存在的弱势地位，西方社会对中国价值观缺乏全面的认识，比如英国前首相撒切尔夫人曾经讲过这么一句话，她说中国永远不可能成为一流大国，因为尽管中国向全世界出

---

❶ 陈来. 中华文明的核心价值 [M]. 北京：生活·读书·新知三联书店，2015：4.

口电冰箱、洗衣机、电视机等,但中国没有可以向全世界输出的理念。事实上,中华五千年历史中传承下来的中华文明包含许多社会主义核心价值观培育和践行的传统。

首先,在伦理道德层面,中华传统伦理道德最早起源于尧舜时期,尧舜禅让、虞舜孝亲等故事一直流传至今。商代有关于"六德"的说法,提倡知、仁、圣、义、忠、和。到了春秋战国时期,诸子百家提出了许多系统的思想,形成了儒家、道家、法家、墨家等诸多学派。其中,孔子把"仁"作为最高的道德原则、道德标准和道德境界,他把整体的道德规范集于一体,形成了以"仁"为核心的伦理思想结构,包括孝、弟(悌)、忠、信、礼、义、廉、耻、仁、爱、和、平等。孟子提出"父子有亲、君臣有义、夫妻有别、长幼有序、朋友有信",墨子提出"兼爱非攻",管仲提出"礼义廉耻,国之四维",道家提出"道法自然",佛家提出"慈悲为怀",宋明理学家提出"民胞物与",这些思想对于调节身心、安身立命、追寻自然与人类社会发展规律都起到了重要的指引作用。因此,这些思想对世界也曾发挥重要的作用,比如儒家思想深刻影响了莱布尼茨、沃尔夫、伏尔泰及百科全书派的狄德罗和霍尔巴赫等。孔子的"己所不欲,勿施于人"的思想经伏尔泰的推崇,被写入《人权宣言》等政治性文件,深刻地影响了西方的人权与伦理思想。

其次,在传统工艺方面,中国人有精益求精、精雕细琢的工匠精神传统。中国古代曾出现了大量的能工巧匠,如春秋时期著名的建筑工匠鲁班,还有游刃有余的庖丁、三国时期名满天下的工艺大师马均,再如清代200多年间主持皇家建筑设计的雷姓世家等,他们传承着诸如造纸、鼓乐、印染、剪镂、刻印、绘画等巧夺天工的技艺。还有宋代的陶瓷艺术达到艺术的巅峰,其艺术特色各具风格、艺术形式种类多样,官窑、民窑百花齐放,特别是民窑,以其高超的技艺深受百姓喜欢。此外,明清时期中国传统家具的制作工艺也达到登峰造极的顶峰,从选材到纹理、从"经络"到"气脉",再到如何处理方和圆的关系,以及中国人独具匠心设计出来的榫卯结构,包括明榫、暗榫、夹头榫、插肩榫、套榫、燕尾榫等,无论是薄如纸张的木片还是粗厚的木料,都能组合出坚固、美观的结构,这是世界家具史上最受尊崇的工艺发明之一。这些传统文化中的工匠精神,体现出精益求精、一丝不苟、敬业专注、求实创新等价值观。

最后,在制度层面,中华传统文化中不乏先进科学的制度设计。其中,最具代表的就是中国古代的文官制度和科举考试制度。科举制度是中国古代封建社会时期采取的最公平的人才选拔形式,它以考试的形式扩展了封建国家引进人才的范围,吸收了大量出身中下层社会的有识之士进入统治阶级。特别是在唐、宋时期,凭借科举制度的优势,通过人才选拔激发社会活力,形成了中国古代社会发展的黄金时代。中国古代的科举制度以其对公正、平等价值观的追求,对英国文官制度的发展产生了重要影响,英国的文官制度正是以中国科举制度为榜样建立起来的。此外,中国古代的行政、司法制度,土地、赋税等经济制度,教育制度,荒政、赈灾的制度,优待老人与弱势群体的制度等都有不少实质公正的内涵与制度设计的智慧,对人类文明的贡献极大。儒家推动、建构的君相制、三省六部制、谏议制、监察制、回避制等至今仍有重要的价值。

第三节 中国传统文化中影响世界的重要价值理念

学者郭齐勇指出,中国优秀传统文化的六个精神特质是和而不同、厚德载物,刚健自强、生生不息,仁义至上、人格独立,民为邦本、本固邦宁,整体把握、辩证思维,经世务实、戒奢以俭。概括说来,中国传统文化中有如下影响世界的重要的价值理念。

一、实事求是

"实事求是"是中国共产党的思想路线和工作方法,是中国共产党带领中国人民取得辉煌成就的重要价值指引。在中国共产党的历史上,"实事求是"最早由毛泽东同志提出。1938年10月14日,毛泽东在党的六届六中全会上的报告中指出:"共产党员应是实事求是的模范,又是具有远见卓识的模范。因为只有实事求是,才能完成确定的任务;只有远见卓识,才能不失前进的方向。"1940年1月,毛泽东在《新民主主义论》中指出:"科学的态度是'实事求是','自以为是'和'好为人师'那样狂妄的态度是决不能解决问题的。"1941年5月19日,毛泽东在延安干部会议上作《改造我们的学习》的报告时,第一次阐释了什么是"实事求是"。"'实事'就是客观存在着的一切事物,'是'就是客观事物的内部联系,即规律性,'求'就是我们去研究。"1943年12月,毛泽东为中央党校大礼堂题词"实事求是"。从我国传统文化和历史的角度来看,"实事求是"这个概念最早见于《汉书·河间献王传》,班固赞扬汉景帝刘启的儿子刘德"修学好古,实事求是"。后来唐代学者颜师古将"实事求是"一词解释为"务得事务,每求真是也",即把它引申为一种值得提倡的务实求真的学风。从班固第一次用"实事求是"到毛泽东重新定义"实事求是",这四个字从考据学的方法发展为治学的科学态度,又发展为马克思主义认识论,其内涵和外延都在不断丰富。究其实质就是具体问题具体分析,结合实际情况进行部署、规划和行动。

二、民本主义

"民本主义"就是以民为本,为人民服务。最早出自《尚书·五子之歌》中"民为邦本,本固邦宁"。意思是人民是国家的根本,只有这个根本巩固了,国家才能安宁。"民本主义"是中国古代社会数千年治国理政的核心价值之一，其主要指人民是国家的基石，民生问题是决定国家命运的大事，即"悠悠万事，民生为大"。这一理念与中国共产党的红色文化传统相贴合，如"群众路线""为人民服务""打土豪、分田地"等。习近平总书记在纪念红军长征胜利 80 周年大会上，向广大党员干部讲述了"半条棉被"的故事——红军长征时期，三位女红军把仅有的一条棉被剪下一半送给村民。习近平总书记这样谈论这个故事："什么是共产党，共产党就是自己有一条被子，也要剪下半条给老百姓的人。"一条棉被，剪成两半，永远相连，记录着红军与百姓间的亲密情感，也象征着共产党和人民群众须臾不可分离的鱼水深情。再比如 2020 年新冠肺炎疫情席卷全球，在"民本主义"这一价值理念指导下，中国政府始终把人民群众的生命健康放在第一位。相比之下，欧美国家着急复工复产，拉动经济，放弃治疗老人和患者，不把人民的生命权利置于首位。2020 年 5 月习近平总书记在山西考察时强调：中国共产党把为民办事、为民造福作为最重要的政绩，把为老百姓做了多少好事实事作为检验政绩的重要标准。这就是"民生为本"这一价值理念在当代中国的直接表现。

三、整体思维

这里的"整体思维"是指统筹兼顾，从整体原则出发强调事物之间的联系以及看长远、谋大局的价值理念。早在西周时期，就有"天人合一"的思想，"推天道以明人事"强调人与天、人与自然和谐统一的关系。东周时期道家的老子、庄子以及儒家的孔子、孟子、荀子、董仲舒、张载等都继承了"天人合一"的思想并有所发展，到清朝陈澹然在《寤言二·迁都建藩议》指出"不谋万世者，不足谋一时；不谋全局者，不足谋一域"。这是我国古代关于整体思维的表述，而且整体思维在我国中医中也有所表现，中医把人体看成一个有机的整体，强调要标本兼治，要革除病根。在当代的表现，就是人们常说的人无远虑、必有近忧。从政治领域来看，我国治国理政的一大特色就是五年规划，毛主席曾经提到用五六十年的时间超过美国，邓小平提出的"三步走"战略，习近平总书记提出的"两个一百年"奋斗目标，都是整体思维价值理念的当代呈现。相比之下，西方政体由于选举制的束缚，领导者更关心的是自身的连任问题，因而更多关心自己选民的短期利益和自己在任期内的具体工作，从而忽视整个国家的集体利益和世界的整体利益，比如特朗普在任内的许多举措——建立"美墨边境墙"，频繁"退群"（跨太平洋伙伴协议、巴黎协定、联合国教科文组织、伊核协议等），宣布"断供"世界卫生组织等都是领导人缺乏整体思维的表现。

四、选贤任能

相比西方迷信选票制度，我国政治体制中逐渐形成的"选拔＋选举"的选贤任能制度日益显现出其合理性与优势。具体而言，我国的选贤任能制度是首先进行初步考察，多方征求意见，内部评估，再进行小范围内的投票等程序来考察干部，最终选出能干的、有名望的领导人。从世界范围来看，中国共产党是最重视选贤任能的政党，对于干部的任免、考核和晋升都有明确的规定和科学的流程。这种选贤任能的体制深深扎根于我国古代社会的科举制度。科举制度是世界公认的最早以考试的方式选拔人才的制度，给世界各国人才选拔制度提供了重要参照。我国选贤任能体制经历长期探索与实践也在不断完善中，中国共产党确立了严格的任期制和退休制度，并且最高层实行集体领导制度。在这种体制之下，尽管也出现了一些腐败渎职等现象，但总体而言，这一套选贤任能体制支撑了中国几十年来飞速的发展，人民生活水平不断提高，满意度和幸福感不断增强，为促进国家治理体系和治理能力的现代化发挥了重要的作用。相比之下，西方国家过度迷信选票和选举，大量的经费和精力花在拉选票上，造成了政治资源的极大浪费，甚至选拔出来的领导人无法胜任总统的职务，造成国家治理的混乱和政治的乱象。

五、兼收并蓄

我国自古以来就是一个善于学习、兼收并蓄、博采众长的民族。《论语》有言"三人行，必有我师焉；择其善者而从之，其不善者而改之"，《增广贤文》中也有"取其精华，去其糟粕"，唐代韩愈在《进学解》中指出"玉札、丹砂、赤箭、青芝、牛溲、马勃、败鼓之皮，俱收并蓄，待用无遗者，医师之良也"，都强调学习要注意兼收并蓄。从历史史实来看，中国古代公元前 202 年张骞出使西域，开启了丝绸之路，打开了中国与世界交融的大门，由此吸收了大量西域传来的文明，包括服饰、乐器、工艺品等，同时中国的许多商品也因此得以走出国门。再比如，明朝永乐年间到宣德年间，郑和七次下西洋，加强了中外文明的交流。清代启蒙思想家、政治家、文学家魏源认为论学应以"经世致用"为宗旨，提出"变古愈尽，便民愈甚"的变法主张，倡导学习西方先进科学技术，并提出了"师夷长技以制夷"的主张，开启了了解世界、向西方学习的新潮流。

几千年来，中华文明一直推崇兼收并蓄的价值理念，不仅强调要学习，还强调有选择性地学。如鲁迅的"拿来主义"观点强调：要运用自己的脑髓，放出眼光，自己来拿！或使用、或存放、或毁灭，还要沉着、勇猛、有辨别、不自私。邓小平同志曾指出，我们要学习和借鉴人类文明一切有益的东西，但一定要结合中国的国情。习近平总书记也强调："世界上不会有第二个哈佛、牛津、斯坦福、麻省理工、剑桥，但会有第一个北大、清华、浙大、复旦、南大等中国著名学府。我们要认真吸收世界上先进的办学治学经验，更要遵循教育规律，扎根中国大地办大学。"❶ "人才培养体系必须立足于培养什么人、怎样培养人这个根

---

❶ 中共中央文献研究室编．十八大以来重要文献选编［M］．北京：中央文献出版社，2016：9．

本问题来建设，可以借鉴国外有益做法，但必须扎根中国大地办大学。"❶ 在这样的指导思想下，中国通过合理的兼收并蓄，近几十年来取得了举世瞩目的成就，在世界范围内树立了负责任的大国形象。

六、和而不同

早在先秦时代就有了"和"这个重要的概念，它是指一种有差别的、多样性的统一。比如烹调，必须使不同的各种味道混合在一起，才能算是上等佳肴。再比如音乐，只有使不同的各种音乐混合在一起，才能奏出美妙的乐章。孔子在这个思想基础上，将"和"与"同"的观点引入社会领域的人际交往中，提出"君子和而不同，小人同而不和"。在世界历史视野下，中西方文化对"和"的认识有明显的差异，最突出的表现是对于宗教问题的认识。西方社会长期处于一神教的传统下，只要是和"我"不一样的教旨，就属于异教徒，就要被打压和排挤。因此，西方社会不断地分裂，欧洲国家也不断地陷入战争中。而在我国，儒家的圣人和道家的真人是可以互相包容的，外来的佛教文化也能够很好地融入中国社会。在社会领域，中国人民也普遍推崇"退一步海阔天空""求大同，存小异"的价值理念。在国际大变局的当下，随着文明冲突和意识形态斗争日益激烈，同时在新冠肺炎疫情于全球肆意传播的当下，倡导"和而不同"的价值理念，倡导全世界人民团结起来的理念有十分重要的意义。

---

❶ 习近平. 在北京大学师生座谈会上的讲话 [M]. 北京：人民出版社，2018：10.

第三章

新时代我国社会主义核心价值观培育和践行的方法路径

第一节 以社会主义核心价值观引领各项工作

一、以社会主义核心价值观引领脱贫攻坚

习近平总书记在决战决胜脱贫攻坚座谈会上指出,到 2020 年我国现行标准下的农村贫困人口实现脱贫,贫困县全部摘帽、解决区域性整体贫困的目标任务是党中央向全国人民作出的郑重承诺,必须如期实现,没有任何退路和弹性。这是一场硬仗,越到最后越要紧绷这根弦,不能停顿、不能大意、不能放松。各省区市都层层签了军令状,承诺了就要兑现。时间一晃就过去了,上上下下必须把工作抓得很紧很紧。❶现有的困难加上新冠肺炎疫情的影响,现阶段我国脱贫攻坚战还有许多"硬骨头"需要"啃"下,面对困难我们要以"越是艰险越向前"的决

---

❶ 习近平. 在决战决胜脱贫攻坚座谈会上的讲话[N]. 人民日报,2020-03-06.

心,以社会主义核心价值观引领中国人民取得脱贫攻坚战的全面胜利。

一是坚持"以人民为中心"的核心价值理念。为人民服务是社会主义道德的核心,也是新时代打赢脱贫攻坚战的核心价值理念。马克思主义从诞生之日起就时刻铭记人民,强调人民群众是社会发展的推动力量,要把全人类的解放作为矢志不渝的价值追求。以习近平同志为核心的党中央时刻把人民的利益和幸福生活记在心上,有着强烈的爱民情怀。2014年1月底习近平总书记来到内蒙古阿尔山市伊尔施镇,看望生活在林业棚户区的群众,习近平叮嘱当地干部要加快棚户区改造,让群众早日住上新房。他指出:"我们党员干部都要有这样一个意识:只要还有一家一户乃至一个人没有解决基本生活问题,我们就不能安之若素;只要群众对幸福生活的憧憬还没有变成现实,我们就要毫不懈怠团结带领群众一起奋斗。"在"以人民为中心"的核心价值理念指引下,从新冠肺炎疫情席卷中国以来,以习近平同志为核心的党中央始终将人民健康放在第一位,果断采取行动,最大程度实现社会动员,全民配合、上下一心,及时有效地控制了新冠肺炎疫情的扩散,在科学研判形势的前提下,分阶段、分情况、有步骤地进行复工复产,围绕脱贫攻坚有针对性地进行部署。如"没有疫情或疫情较轻的地区,要集中精力加快推进脱贫攻坚。要优先支持贫困劳动力务工就业,在企业复工复产、重大项目开工、物流体系建设等方面优先组织和使用贫困劳动力,鼓励企业更多招用贫困地区特别是建档立卡贫困家庭人员,通过东西部扶贫协作'点对点'帮助贫困劳动力尽快有序返岗。要分类施策,对没有疫情的地区要加大务工人员送接工作力度"。❶每一项政策都充分体现着对人民的关怀,是科学的关怀,是真切的关怀,是有温度的关怀。

二是坚持唯物的、现实的、实事求是的价值观。在马克思主义思想的指导下,社会主义核心价值观从社会生活实践出发,强调物质生活资

---

❶ 习近平. 在决战决胜脱贫攻坚座谈会上的讲话 [N]. 人民日报,2020-03-09.

料对人的重要基础性意义，指出要一切从实践从发，实践是检验真理的唯一标准，强调实事求是，要面向生活实际。相比西方传统哲学遵循的形而上学、主客体二元对立、崇尚理论思维和精神虚构等思维模式而言，社会主义核心价值观以其真实性、唯物性和现实性实现了进步和超越，对于推动社会发展有重要的现实意义。在新时代面临脱贫攻坚战过程中的"硬骨头"，党中央和各级政府秉持实事求是的工作作风，从现实生活中找答案，通过实践制定政策、攻坚克难。2020年3月6日习近平总书记在决战决胜脱贫攻坚座谈会上指出，要继续聚焦"三区三州"等深度贫困地区，落实脱贫攻坚方案，瞄准突出问题和薄弱环节，狠抓政策落实，攻坚克难完成任务。对52个未摘帽贫困县和2707个贫困村实施挂牌督战，国务院扶贫开发领导小组要较真碰硬"督"，各省区市要凝心聚力"战"，啃下最后的硬骨头。同时，直面实际工作中的现实问题，直指形式主义和官僚主义等问题，中央多次发文，坚持问题导向，时刻提醒、督促各基层政府。如习近平总书记多次强调脱贫攻坚工作要实打实干，一切工作都要落实到为贫困群众解决实际问题上，切实防止形式主义，不能搞花拳绣腿，不能搞繁文缛节，不能做表面文章。

三是推崇社会公正、社会平等、社会成员共同富裕等价值理念。社会主义核心价值观建立在生产资料公有制的经济基础之上，强调生产资料公有制，即劳动者共同所有、占有、支配和使用生产资料。同时反对和否定资本主义制度包含的剥削、压迫、强权、异化等价值理念，因此开展脱贫攻坚，以精准扶贫追求社会平等。这一价值理念的本质是其社会主义性质。在资本主义社会中由于存在着生产社会化和生产资料私人占有之间的矛盾，不可避免地会出现资本家、工人阶级/奴隶阶层之间的对立和矛盾的不可调和，所以社会两极分化日益严重，财富日益集中在1%的阶层手中，社会问题频出。我们当下正在开展的脱贫攻坚战就是在社会主义公有制度下所开展的追求社会公平正义、共同富裕的"战役"，这一价值理念能够不断培育社会成员的集体主义、责任意识、服务意识和友爱意识等,实现社会文明的真正进步,是新形势下打赢脱贫攻坚战的重要价值指引。

二、以社会主义核心价值观引领国民教育

党的十九大报告指出,社会主义核心价值观是当代中国精神的集中体现,凝结着全体人民共同的价值追求。要以培养担当民族复兴大任的时代新人为着力点,强化教育引导、实践养成、制度保障,发挥社会主义核心价值观对国民教育、精神文明创建、精神文化产品创作生产传播的引领作用,把社会主义核心价值观融入社会发展的各方面,转化为人们的情感认同和行为习惯。

(一)将社会主义核心价值观贯穿国民教育全过程

习近平总书记高度重视青少年的社会主义核心价值观教育问题,多次在讲话中提到要将社会主义核心价值观贯穿到国民教育全过程,明确指出学习和弘扬社会主义核心价值观,要从娃娃抓起、从学校抓起,做到进教材、进课堂、进头脑。❶ 对于幼儿园的孩子,教育部印发的《新时代幼儿园教师职业行为十项准则》中明确指出,新时代幼儿园教师要坚定政治方向、自觉爱国守法、传播优秀文化、潜心培幼育人、加强安全防范、关心爱护幼儿、遵循幼教规律、秉持公平诚信、坚守廉洁自律、规范保教行为。结合 2018 年 11 月 7 日出台的《中共中央 国务院关于学前教育深化改革规范发展的若干意见》,新时代背景下要将核心价值观教育贯穿学前教育始终,从"娃娃"抓起,以师德师风建设为重点,抓好学前教育,重点强调要做到"立德树人"。

对于小学生,2014 年习近平总书记到北京市海淀区民族小学参加六一儿童节活动时强调,社会主义核心价值观"体现了古圣先贤的思

---

❶ 习近平. 在中共中央政治局第十三次集体学习时强调 把培育和弘扬社会主义核心价值观作为凝魂聚气强基固本的基础工程[N]. 人民日报,2014-2-26.

想,体现了仁人志士的夙愿,体现了革命先烈的理想,也寄托了各族人民对美好生活的向往。只要是中国人,就应该自觉培育和践行社会主义核心价值观"。对于中学生,习近平总书记2016年回到母校八一中学时,勉励学生们要从小让社会主义核心价值观的种子在心中生根发芽,把国家、人民和民族装在心中,注重养成健康、乐观、向上的品格。努力做一个心灵纯洁、人格健品德高尚的人,努力做一个有文化修养、有人文关怀、有责任担当的人。对于大学生,习近平总书记在2017年10月30日会见强化大学经济管理学院顾问委员会海外委员和中方企业家委员时指出,教育就是要培养中国特色社会主义事业的建设者和接班人,而不是旁观者和反对派。因此社会主义核心价值观教育要贯穿在高等教育全过程,建立大思政格局,通过课程思政等途径使得社会主义核心价值观在学生们心中内化于心、外化于行,从而能够成长为新时代中国特色社会主义事业建设者和接班人。社会主义核心价值观贯穿国民教育全过程,从本质上与立德树人思想是一致的。

第一,立德树人指出国民教育要以师德师风建设为重点。教师是决胜全面建成小康社会、建设社会主义现代化强国的重要力量,是落实立德树人根本任务、培养德智体美劳全面发展的社会主义建设者和接班人的关键。国民教育要首先抓教师队伍建设,其中师德师风建设是重中之重。教师承担着树人过程中"播种、出苗、拔节、孕穗、灌浆"全过程的教育任务,必须摆正思想,严于律己,重点是要提高政治站位。要明确教师职业所承担的时代和国家赋予的重要使命,把自身定位为一个教书育人的"大先生",一个中国特色社会主义伟大事业的"筑梦人"。因此要坚定政治方向、自觉爱国守法、传播优秀文化。其次,要明确职业规范。作为一名教师,要对职业本身有清楚的认识。不仅要做学生的看护人、更要做学生的知心人,还要做学生的引路人。因此,要加强安全防范、关心爱护学生、遵循规律、潜心育人。最后,要增强底线意识。教师所面对的是单纯、求上的孩子,他们有着极强的模仿能力;更面对的是每一个学生身后无数牵挂的家庭。教师必须有自身清醒的道德边界。因此,要秉持公平诚信、坚守廉洁自律、规范自身行为。

第二,立德树人指出学前教育要以幼儿成长规律为依据。教育要以学生成长为本,要遵循教育规律和学生身心发展规律。首先,学生的身体素质和健康成长是第一位的。3~6岁的孩子在身体发育方面会有很大变化,在这一阶段要给幼儿足够的运动时间,通过运动实现大脑、五官、各肢体的协调平衡,更重要的是给幼儿打造一个健康的体魄。其次,要顺应儿童天性,给幼儿一个快乐的童年。在人的一生中,童年是最无忧无虑的,这一时期的教育要以快乐的方式实现教育的目的,要给予幼儿足够的尊重,让他们选择自己喜欢的事情。最后,要结合幼儿时期对家庭依赖度大这一特点,将学前教育与家庭教育相结合。幼儿时期是整个教育阶段中对家庭依赖程度最高的时期,学前教育要充分利用家庭的参与,以家园共建的形式更好地促进教育目标的实现,特别是父母作为幼儿成长阶段最重要的"老师",要积极参与到学前教育中来。

第三,立德树人指出教育要以爱与德的教育为内容。学前、小学、中学教育阶段,是学生人格、性格形成的关键时期,德育应成为学前教育的首要内容。首先,学校教育要有初步的道德价值观教育。价值观是人判定事物好坏作出价值选择的重要依据,它需要一定的时间才能形成,具有相对稳定性。幼儿园、中小学时期应成为价值观教育的启蒙阶段,应在学前教育中开展有关诚信、勇敢、正直、仁爱、自律、责任等内容的价值观教育。其次,学校教育中要有初步的集体主义教育。集体主义是人们在交往中对社会、对国家的基本行为准则。幼儿在学前教育阶段刚开始从家庭过渡到幼儿园这样一个小社会,如何处理人际关系、进行人际交往是这一阶段需要学习体悟的重要内容。学校教育中要对学生进行一定的引导,教育学生学会与人为善、学会相互帮助、学会谦让、学会团队协作,从而使其从小树立集体荣誉感和责任感。最后,学校教育要有初步的爱国主义教育。爱的教育是学校教育中非常重要的内容,要从小树立学生爱家人、爱老师、爱同伴、爱生活、爱自己的祖国。爱国的理念要从小扎根在每一个中国人心中,要引导学生认识自己的国家、了解我国灿烂的文化,从小树立作为一个中国人的民族自豪感。

第四,立德树人指出学校教育要以人才培养为宗旨。学校教育首先要确立人才培养的战略思维,要以人才培养为最终目的。确立这一思路,就应该对学生更加注重习惯培养、思维和能力的训练,而不是仅仅是知识的积累和技能的训练。首先,要从小培养学生阅读的习惯。书是人类智慧的结晶,特别是在信息科技飞速发展、知识碎片化日益突出的当下,学生拥有阅读习惯,将受益终生。其次,学校教育阶段要培养幼儿生活的能力、决策的能力和组织的能力。生活能力的训练包括生存能力、独立能力等。当前我国家庭教育中存在着溺爱、老人包办等现象,这会造成孩子的独立意识、自主意识、责任意识缺失。学校教育针对幼儿各方面肢体发育初步完成这一特征,应引导幼儿开始生活自理、开展适当的独立劳动、应急生存训练等。此外,学校教育要注重孩子决策能力和组织能力的培养。这种能力可以让幼儿从小明白"我"就是自己生活的主人,"我"有什么样的使命,"我"可以主动地作出什么样选择,"我"如何来组织这样一个活动。

(二) 教师要在社会主义核心价值观教育过程中发挥示范作用

党的十八大以来,以习近平同志为核心的党中央高度重视教师队伍建设,习近平在不同场合多次提到教师工作的意义及要求。教师做的是传播知识、传播思想、传播真理的工作,"是塑造灵魂、塑造生命、塑造人的工作"。❶ 2016 年 12 月在全国高校思想政治工作会议中,习近平

---

❶ 2014 年 9 月 9 日,习近平在同北京师范大学师生代表座谈时强调。

总书记强调"教师不能只做传授书本知识的教书匠,而要成为塑造学生品格、品行、品味的'大先生'"。对"大先生"这一表述可以做以下详细的分析。

第一,"大先生"源于我国传统文化中对老师的尊称。根据我国古文的记载,"先生"包含多种含义,并且在不同的历史时期有不同的解释,所指的是不同的对象。《诗·大雅·生民》曰"先生,首生也",这里的"先生"是指早出生的人。《论语·为政》曰"有酒食,先生馔",注解说:"先生,父兄也。"这里的"先生"意指父亲和兄弟。《孟子》"先生何为出此言也。"这里的"先生"是指年长而有学问的人。到了战国时代,《国策》有"先生坐!何至于此!"这里的"先生"是称呼有德行的长辈。第一个用"先生"称呼老师的,始见于《曲礼》:"从于先生,不越路而与人言。"注:"先生,老人教学者"。之后,"先生"一词主要用于称呼老师。由于中国古代社会老师大部分为男性,所以"先生"一词逐渐成为对知识分子和有一定社会地位的成年男子的尊称,如孙中山先生。发展至近代,社会著名的女性也可被称为"先生",如宋庆龄先生、杨绛先生、冰心先生等。对于这一称呼,也有人在"先生"前加上"老""大"这一类形容词,以此来增加尊敬感,如瞿秋白夫妇尊称鲁迅为"大先生"。从我国传统文化发展的整体来看,"先生"主要是对三尺讲台上的教师的称谓。

第二,"大先生"蕴含了丰富的教师精神。一是育人精神。习近平总书记指出,教师做的是传播知识、传播思想、传播真理的工作,是塑造灵魂、塑造生命、塑造人的工作。这里所包含的育人精神的内涵就是明确教师的根本任务是育人,主要包括塑造灵魂、塑造生命和塑造人三方面内容。塑造灵魂是指塑造学生的内心世界,有正确的世界观、人生观和价值观,有科学、高尚的信仰。塑造生命是指帮助学生认识到生命的价值与意义,能够度过一个有意义的人生,获得生命的厚重感。塑造人是指让每一个学生都成为全面发展的人、完整的人。正如习近平总书记首次点评"95 后"大学生提到的,"教师教给学生的知识,多年以后可能会过时,可能会遗忘,但教给学生为人处世的道理是学生一生的财富,会让他们终生难忘"。二是敬业精神。教师作为一种特殊的职业,"是立教之本、兴教之源,承担着让每个孩子健康成长、办好人民满意教育的重任"❶。因此,需要每一位人民教师秉持敬业精神,安心从教、热心从教、舒心从教、静心从教,为发展中国特色、世界水平的现代教育作出贡献。三是创新精神。在新时代背景下,科技是国家强盛之基,创新是民族进步之魂。人民教师作为社会主义事业建设者和接班人的培养者,要牢固树立改革创新意识,踊跃投身教育创新实践,做学生创新思维的引路人,激发人才的创新活力和潜力,吹响建设世界科技强国的号角。四是奉献精神。习近平总书记指出好老师要有"捧着一颗心来,不带半根草去"的奉献精神❷,甘当人梯,甘当铺路石。这一奉献精神首先源于对人生、对教育事业的深刻理解,源于高度的社会责任感,源于坚定的信念和鞠躬尽瘁死而后已的决心,并使之成为一种信仰。

第三,"大先生"是习近平总书记新时代"大教育观"下对教师定位的新认识。党的十八大以来,习近平总书记高度重视教育工作,紧密结合时代特征和我国国情提出了一系列新理念、新思想、新观点,形成了新时代中国特色社会主义教育思想。特别是立足于世界眼光和长远发展提出的教育融入经济社会发展进程的"大教育观",提出教师要成为塑造学生品格、品行、品味的"大先生",这是对人民教师这一职业定位的新认识。

由于教育的产生和发展与社会紧密相连,马克思恩格斯也都曾明确提出"支配着物质生产资料的阶级,同时也支配着精神生产资料"。从历史来看,教育从来都是为统治阶级服务的。古人云"师者,所以传道授业解惑也。"教师的工作是传授知识、技能和解疑释惑,特别是以传

---

❶ 2013 年 9 月 9 日,习近平在向全国广大教师致慰问信中强调。
❷ 2014 年 9 月 9 日,习近平在同北京师范大学师生代表座谈时强调。

播统治阶级的思想为主，以培养顺应统治阶级的百姓为目的。随着中华人民共和国的成立以及社会主义事业的大力推进，教育事业有了很大的发展，极大地促进了经济社会的进步。江泽民同志指出教师要做先进生产力和先进文化发展的弘扬者、推动者，做青少年学生健康成长的指导者、引路人，努力成为无愧于党和人民的人类灵魂的工程师。胡锦涛同志指出广大教师要爱岗敬业、关爱学生，刻苦钻研、严谨笃学，勇于创新、奋发进取，淡泊名利、志存高远。在新时代开启之时，习近平总书记明确提出教师不能只做传授书本知识的教书匠，而要成为塑造学生品格、品行、品味的"大先生"。要成为学生做人的镜子，以身作则、率先垂范，以高尚的人格魅力赢得学生敬仰，以模范的言行举止为学生树立榜样，把真善美的种子不断播撒到学生心中。要做学生锤炼品格的引路人，做学生学习知识的引路人，做学生创新思维的引路人，做学生奉献祖国的引路人。这是在新时代背景下对人民教师定位的新认识。对于教师的认识实现了从"人类灵魂的工程师"到"塑造学生的品格、品行、品味的'大先生'"。工程师是以物为对象，"大先生"以人为对象，因而这一定位更加体现了习近平总书记对于教师职业定位的人文关怀。

第四，"大先生"是习近平总书记对新时代人民教师队伍建设提出的新要求。一是立志做"高手"。"高手"是指思想高、德行高、学问高、魅力高。"思想高"是指教师自身要坚定正确的政治方向，树立崇高的理想信念。"德行高"是指教师要有高尚的品德，能够教给学生为人处世的道理。"学问高"是教师的立身之本，必须有扎实的知识功底、过硬的教学能力、勤勉的教学态度、科学的教学方法。同时还要牢固树立终身学习理念，加强学习，拓宽视野，更新知识，不断提高业务能力和教育教学质量，努力成为业务精湛、学生喜爱的高素质教师，以学术造诣开启学生的智慧之门。"魅力高"是指教师要能形成自己的人格魅力，获得学生的敬仰，引导学生的心灵，从而将真善美的种子撒播到学生心中。二是立志做"大师",即传道者要心正、身正、言正、行正。"传道者自己首先要明道、信道。高校教师要坚持教育者先受教育,努力成为先进思想文化的传播者、党执政的坚定支持者"❶。教师首先要"心正",即心系学生,有正确的方向。其次要"身正",要成为学生做人的一面镜子,以身作则、率先垂范。再次要"言正",教师作为知识、思想和真理的传播者,言论是教师的"第二名片",必须要言论端正、深思熟虑。最后要"行正"。学为人师,行为世范,做学生健康成长的指导者和引路人,积极投身社会实践,为培养社会主义事业建设者和接班人做出更大贡献。"教师要成为塑造学生品格、品行、品味的'大先生'"这一思想反映了习近平总书记对于教师的定位要注重价值观的修养,即强调教师要在社会主义核心价值观教育中发挥榜样示范作用。

(三)关注互联网社会主义核心价值观教育,营造良好氛围和支持网络

国际化趋势下,网络传播具有跨越国界、信息量大、速度快、内容丰富、检索方便、易复制、超文本,开放性、交互性强等多方面的优势。它以不可阻挡之势,改变着人们的生活。当今是网络时代,网络上的信息对青少年价值观的形成和变化有着直接的、强有力的影响。习近平总书记非常重视网络环境在社会主义核心价值观教育中的作用。他指出,互联网不是"法外之地",网络空间是亿万民众共同的精神家园,网络空间天朗气清、生态良好,符合人民利益。❷

国际化趋势下,网络实现了对社会和人们生活的全覆盖,这使得人们的世界观、人生观和价值观的形成过程被深深地打上了网络烙印。网

---

❶ 习近平在全国高校思想政治工作会议上指出的。
❷ 《习近平主持召开网络安全和信息化工作座谈会强调在践行新发展理念上先行一步 让互联网更好造福国家和人民》,《人民日报》,2016年4月20日。

络既为社会主义核心价值观教育提供了新手段、拓展了新空间，也给敌对势力的思想渗透、各种有害信息的传播提供了可乘之机。为应对挑战，一方面社会主义核心价值观教育必须转变对意识形态的驾驭方式，掌握现代信息技术运用的主动权，主动研究网络等新媒体的传播方式与传播技术，重点研究利用网络传播社会主义核心价值体系，坚决抵制资本主义意识形态和各种有害思想的传播。在实际工作中，既要善于管理，又要善于运用，及时研判网络舆情，建设一批具有较强思想性、教育性、互动性的社会主义核心价值观教育主题教育网站和栏目，大力提高利用网络等新媒体开展社会主义核心价值观教育工作的能力和水平。另一方面，社会主义核心价值观教育必须顺应现代世界信息技术迅猛发展的新趋势，创设利用网络传播理论和技术开展社会主义核心价值观教育传播的专门的理论形态和研究视域，实现社会主义核心价值观教育的形态转变与发展。只有积极开展相关研究，正确把握现代网络传播学研究的最新成果，努力探索网络传播与社会主义核心价值观教育的内在联系，才能真正将网络传播学的科学理论和技术融入社会主义核心价值观教育的实践中去。这不仅需要我们充分重视网络传播的社会效应和思想效应，有强烈开发利用网络传播进行社会主义核心价值观教育的意识，而且还要通过专门的学科形态研究，切实探索在网络传播日益发达的条件下，传统的社会主义核心价值观教育如何与时俱进、改革创新，使之与网络传播形成一种相互补益、相互耦合的新形态。

第二节　高校培育和践行社会主义核心价值观的方法和路径

一、抓住思想政治理论课这一主渠道

高校培育和践行社会主义核心价值观主要通过思想政治理论课展

开,习近平总书记指出,"思想政治理论课是落实立德树人根本任务的关键课程""要用好课堂教学这个主渠道"。大学生处于世界观、人生观和价值观确立的关键时期,开设思想政治理论课,给大学生以科学化、规律化、系统化的教育引导,恰好契合大学生成长过程的迫切需求。近年来,高校越来越重视思想政治理论课平台,积极进行各项改革和探索。以北京理工大学为例,"VR重走长征路"、案例教学法、微课等新形式悄然改变着传统思政课堂。基于整体思维和"大思政"格局指导思想下的"项目思政"教学法是2019年北京理工大学"基础"课(指思想道德修养与法律基础课程)课堂上的新尝试。"项目思政"是以学生小组为单位,以整个学期为时间周期开展的围绕思政教学主题的"做项目"新型教学探索。教师根据学期教学周对全班同学进行分组,按照教学进度为各小组分配相应教学主题的内容。每个组对应每堂课要进行深度的课前预习,对应教材开展"我有问题问老师""我有亮点要表演""我有新闻要分享"和"我有好书要推荐"的"四有"活动。每节课开场都由学生们丰富多彩的"课前预习表演"展开,轻松愉悦的课堂氛围和充分的课前预习实现了思修课从思想碰撞、理论交锋到达成共识的教学目的。

"项目思政"的最大亮点是让学生以小组为单位,以"Make adifference"为主题,以一个学期为时间周期,在校园内开展践行社会主义核心价值观的项目活动,用实际行动让学生理解为什么马克思说"哲学家们只是用不同的方式解释世界,而问题在于改变世界"。同学们围绕"爱国""文明""和谐""友善"等主题,关注校园设施、文明公德、学生生活,走入图书馆、食堂、教室、体育馆、操场,开展调研、访谈、公益宣传、亲身实践等活动。有的小组创立了"北理心灵驿站"的微信公众号,提出了"北理桥"、卫生间、篮球场的工程改进方案,设计了"迟到自行车"方案等;有的小组开展了冬夜"送红糖水""普法宣传""弘扬爱国主义精神""文明公约"等活动;还有的小组自行开展读书会活动。一个学期下来，学生们的成果丰富多彩，积极向上，学校很多具体的领域在学生们的努力下得到了改善，学生们也在这个过程中学会了团队协作，培育了发现美的眼睛和关注校园、热爱生活的习惯，更重要的是在这个过程中提升了能力。一学期下来，"项目思政"逐渐赢得了学生的好评。学生戴乐表示，"每个人都为活动主题献计献策，每个人都说出了自己内心相关的真实想法，这种讨论让人乐此不疲，获益良多。虽然经常限于阅历与知识水平，有些问题于我而言是无解的，但我思考了，觉得就有意义。感谢思修的课堂，让我对自己的生活有了认真的审视"。还有同学表示，"这学期的思修课对我影响颇深，我从中深刻地感受到思想的共鸣绝不是出于教条的背诵，而是从一次次思考、一场场思维的碰撞中产生的。换一个角度，事情的真假对错就全然不同了，这或许就是课程的魅力，告诉我们看待事情的全新维度以及我们应当秉持的正确价值观念"。

此外，笔者利用思想政治理论课平台对大学生价值观以及对思想政治理论课的建议进行调研，展开了如下思考。

基于对北京理工大学 2000 余名理工科"00 后"大学生的调查数据，调查以民族志研究法为手段，参考斯宾德勒价值观测评模型❶，结合人生观、世界观、价值观的内容和我国实际，笔者对调查问题进行了发展，设计了如下 32 个续写问题：但愿我有……；但愿我的父母……；希望我的爱人……；如果我有孩子，我希望他/她……；我最向往的地方是……；我理想的工作是……；我理想的生活是……；人活着是为了……；有价值的人生是……；未来是……；和谐是……；幸福是……；时间是……；朋友是……；艺术家是……；名人是……；上帝是……；知识分子应该……；政府人员应该……；农民应该……；工人

---

❶ 该测评技术内容包括 24 个续写语句以及要求被调查者完成一段话描述理想中的美国人。Spindler, G. & Spindler, L. (1990). The American Cultural Dialogue and its Transmission. New York, NY: Falmer Press.

应该……；军人应该……；律师应该……；医生应该……；大学生应该……；商人应该……；记者应该……；重要的是一个人……；每个人都应该……；最成功的人是……；每个人都能够成功，只要你……；为了成功，人应该……。笔者通过"基础"课课堂以参与者的身份进入调研过程，深入了解理工科"00后"大学生的思想状况，学期末又以"对于'基础'课的建议"为题进行了调研，大范围搜集学生的需求和建议。调查结束后，所有数据导入 Nvivo 软件，利用软件进行编码、归类和分析，旨在全面深入了解理工科"00后"大学生的基础上，思考"基础"课建设的方向和路径。

1. 理工科"00后"大学生的思想特征

对于理工科"00后"大学生的思想特征，结合调查的数据和软件分析，可以从人生观、世界观和价值观三个方面进行分析。

（1）人生观

人生目的作为人生观的核心，是了解理工科"00后"大学生的首要问题。针对学生们对于"人活着是为了……"这一续写问题的回答和 Nvivo 软件的分析，统计结果如图 3-1 所示。

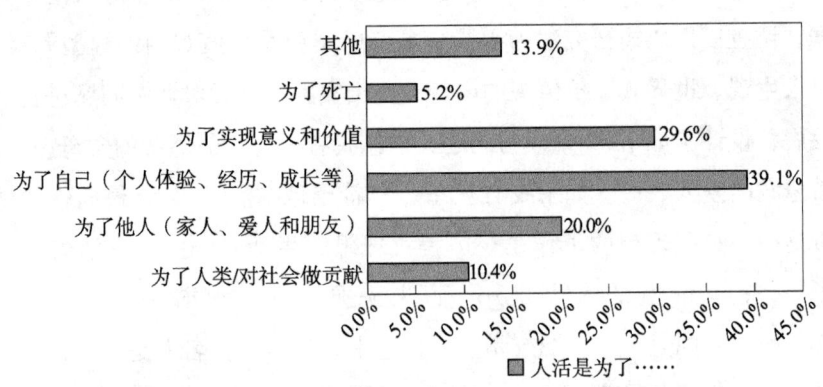

图 3-1 学生对"人活着是为了……"这一续写问题回答的统计分析

根据学生头脑中第一反映的内容，大致可以将回答分为六个类别，既有价值层面的，也有对象层面的。在价值层面，有 29.6% 的学生认为人活着是为了实现意义和价值,比如"人活着是为了追求/理想/过得有意义"。在对象层面,有39.1%的学生认为人活着是为了自己,比如"人活着是为了体验生活/做自己喜欢的事情/让自己开心";有20%的学生认为人活着是为了他人,包括家人、爱人和朋友等,比如有学生回答"人活着是为了将你生下来的人和期盼你出生的人;为了家人,为了爱着的那个人,为了下一代;为了爱我的人和我爱的人"。此外,还有少数具有负面意义的回答,如"人活着是为了死亡""为了将就活着",这些学生应该成为"基础"课教师重点关注的对象。

在人生态度方面,根据学生对于"大学生应该……""每个人都应该……""为了成功,人应该……"这几个问题的回答,采用 Nvivo 软件进行分析得出结果,如图 3-2 所示。

图 3-2　学生对"大学生应该……""每个人都应该……"
"为了成功,人应该……"的回答词频分析

根据软件的词频统计,"学习""努力""奋斗"是出现频次较高的词。充分说明在人生态度上,理工科"00 后"大学生有对奋斗精神的追求。根据学生们的具体表述,"每个人都应该拼搏/奋斗""为了成功,人应该不懈努力/脚踏实地/努力奋斗""大学生应该努力学习/刻苦钻研/心怀壮志,刻苦学习,全面发展"。根据这几个问题的词频统计,"努力"共出现1796次,"学习"出现1722次,"奋斗"出现560次,所以在人生态度上,好好学习、努力奋斗是理工科"00后"大学生的主要特征。

在人生价值方面,根据学生对于"有价值的人生是……"这一问题的回答,软件统计如图3-3所示。

图3-3 学生对"有价值的人生是……"回答词频

根据学生对于人生价值的回答,可以看出"为社会做贡献""实现梦想""帮助别人""追求幸福"等都是学生对人生价值的评判。由此可以看出理工科"00后"大学生有着强烈的社会责任感。有38%的学生提到要贡献社会,他们认为有价值的人生是"不为自己而活,关心身边的人,关注社会""为人类社会做出贡献,不论大小,尽力而为"。也有学生说"有价值的人生是回顾整个人生征程,看到自己推动人类文明前进了哪怕一丁点儿的距离"。有28%的学生提到有价值的人生是"不虚度光阴""不后悔自己的选择""快乐/幸福的人生"这些精神层面的追求,可以看出"00后"大学生对于精神境界和生活品质有更高的追求。

(2) 世界观

世界观是人们对生活在其中的世界以及人与世界的关系的总体看法和根本观点,可以从学生对以下两个问题的回答来分析。

学生对"最向往的地方是……"这一问题的回答统计如表3-1所示。

表3-1 学生对"我最向往的地方是……"的回答统计

最向往的地方分类	软件统计的500个最常见词中出现3次以上的回答内容(频次)	总数
中国	北京94、上海57、中国47、西藏40、杭州19、云南14、成都14、拉萨10、大理9、江南9、南京8、天安门6、苏州5、新疆4、重庆4、长白山4、中南海3、丽江3、厦门3、广州3、故宫3、昆明3、洱海3	365
世界	全世界69、巴黎46、英国32、冰岛30、美国30、北欧27、法国25、瑞士24、欧洲21、日本20、德国19、新西兰18、挪威18、马尔代夫16、伦敦13、南极12、澳大利亚10、北极9、洛杉矶8、里拉8、加拿大7、东京7、维也纳7、硅谷7、荷兰7、丹麦5、佛罗伦萨5、布拉格5、西班牙5、纽约5、奥地利4、意大利4、爱琴海4、马德里4、俄罗斯3、加州3、华尔街3、土耳其3、地中海3、墨尔本3、巴塞罗那3、慕尼黑3	555
家乡	家乡/故乡92、家里20、有家人的地方12、老家4	128
大学	中科院17、清华大学16、北京大学7、图书馆7、麻省理工学院7、剑桥大学6、实验室6、学校9、哈佛大学4、牛津大学4、球场4	87
其他	宇宙/太空/天空/星空/月球/火星114、安静/平静的地方67、天堂51、海边47、远方45、大海42、自由的地方34、草原34、小镇27、和谐的地方25、美丽的地方22、世外桃源18、自然16、温暖的地方20、理想的地方15、繁华的地方15、美好的地方14、森林12、乌托邦12、田园11、海滩10、喜欢的地方10、净土8、无忧无虑的地方8、快乐的地方8、海洋7、发达的地方6、研究所8、农村6、圣地5、彼岸5、地狱3、大都市3、梦境3	731

通过Nvivo软件编码、归类整理发现,学生们的回答除了那些比较模糊的、不太明确具体地方的回答之外,向往世界成为大多数学生的选

择。根据教育部数据显示，2018年度我国出国留学人员总数为66.21万人，与2017年度的统计数据相比较，2018年度出国留学人数增加5.37万人，留学回国人数增加3.85万人。随着全球化浪潮的深入和我国改革开放的深化，青年越来越向往外面的世界，尤其是向往北美和西欧等国家。这些国家大多有着美丽的自然环境、丰富的教育人文资源和健全的社会保障体系。但是也可以看到，由于我国近年来的快速发展和人文环境的改善，越来越多的留学生选择了回国就业，可以看到学生的回答中中国的一些城市和地方也是学生们主要向往的地方。此外，可以看到理工科"00后"大学生中有很大一部分学生对宇宙、太空感兴趣，他们提到最向往的地方是"太空/火星/宇宙/外太空"等。

未来观也是世界观的重要内容，在对学生世界观的分析中，学生对于"未来是……"这一问题的回答统计如图3-4所示。

图3-4 学生对"未来是……"回答词频

根据统计，"美好""充满希望""光明"等词出现的频次较高，可以看出理工科"00后"大学生对未来呈现出乐观、积极的态度。一方面与我国的快速发展、日益提高的国际地位和和谐的社会文化环境有关,另一方面也说明积极向上、乐观坚强是"00后"大学生的重要特质。相比之下,美国、日本等发达国家的青年对未来的态度更多的是迷茫和不确定。2015—2018年笔者在美国学习期间采用斯宾德勒价值观测评技术对200名美国学生进行世界观方面的调研,对于"The future is…"这一问题的回答,32%的美国学生提到"The future is scary/unknown/bleak/dark(未来是可怕的/不确定的/昏暗的/黑暗的)"。

此外,通过Nvivo软件的文本搜索,发现本次调研的所有问题中学生们的回答谈及"世界"的次数多达608次,比如"有价值的人生是对世界作出贡献""大学生应该放眼世界、学习技能""理想的中国人永远对世界怀有期待"等。由此可以看出理工科"00后"大学生呈现出明显的世界意识,他们开始具有国际视野和全球眼光。相比美国青年,中国青年学生对世界呈现更加开放的态度,他们更加关注世界的发展,愿意走向世界。❶

(3) 价值观

价值观是指关于价值观念的完整系统,是一定历史时期的人们对价值问题所持的立场、观点和态度的总和。❷ 价值观是人们认为的生活中重要的东西,有时候也是人们判定事物好坏、优劣、善恶的标准。理工科"00后"大学生的价值观可以从价值目标、价值偏好两个方面来分析。

根据调研,在价值目标方面,可以从学生对"但愿我有……;但愿我的父母……;希望我的爱人……;如果我有孩子,我希望他/她……"这几个问题的回答进行分析,软件统计结果如图3-5所示。

整理学生对这几个问题的回答,比较主流的回答主要有"但愿我有

---

❶ 吴倩. 中国梦与美国梦的比较研究——基于对中美青年大学生的调查分析 [J]. 人大复印资料(青少年导刊), 2019 (1): 64-70.
❷ 吴潜涛. 价值观多样化势态与坚持社会主义集体主义价值观导向 [J]. 道德与文明, 1999 (4): 4.

图3-5 学生对"但愿我有……；但愿我的父母……；希望我的爱人……；如果我有孩子，我希望他/她……"回答的词频统计

能力/有美好幸福的人生/健康的身体/美好的未来；但愿我的父母健康长寿/幸福/和谐；希望我的爱人早点出现/幸福快乐/健康；如果我有孩子，我希望他/她健康快乐成长"。从中可以看出学生们对这几个问题的回答有一些共同的交集——"健康""幸福""快乐"等。可以将其总结为价值目标上的人本取向，即身体的健康和精神的满足对于一个人来说是很重要的。其中，有关身体健康的回答多达2871次，有关精神追求的回答，包括"快乐"1371次，"幸福"1033次，"开心"384次，"美好"131次。此外还有"成长"829次，"生活"520次，"平安"348次，"能力"329次，"智慧/头脑/智商/思想"301次，"理解"216次，"理想/梦想"215次，"优秀"167次，"善良"154次，"工作"162次，"朋友"132次，"学习"122次。由此可见，理工科"00后"大学生的价值目标体现为对健康的追求、对幸福的追求和对个人成长的追求，其中个人成长的追求包括对学习能力的追求、对生活品位的追求和对人格塑造的追求。

对于价值偏好的分析,可以从学生对"人生、诚信、道德、和谐以及幸福"的回答来分析,相关统计如图3-6所示。

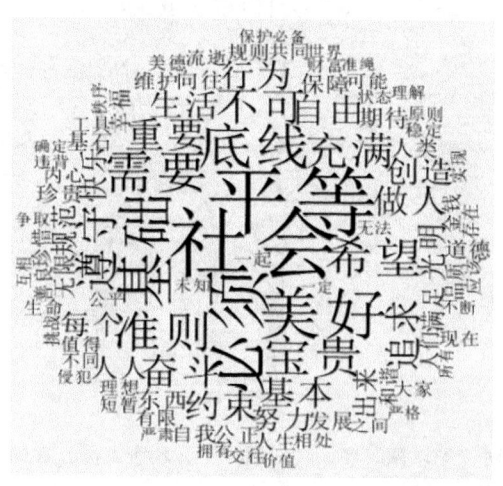

图3-6 学生对"人生、诚信、道德、和谐以及幸福是……"的回答词频分析

单独看这几个问题,学生们回答的主流内容为"人生而平等/自由/努力/善良""诚信是做人的基础/基本/基石""道德是社会和做人的底线/准则/基本""和谐是社会的基础/美好的追求/共同创造的""幸福是奋斗出来的/人生的追求/快乐的/满足"。从对这些问题的回答中可以看出,学生们对人、社会和道德的认识呈现出积极向上的特征,与我国社会主义核心价值观相一致。具体而言,"00后"大学生偏好的价值观主要是对"平等"的看重,强调社会运转的"底线"以及对"美好"社会的愿景。

此外,价值偏好还体现为学生对艺术家、名人、知识分子、政府人员、农民、工人、军人、律师、医生、大学生、商人、记者这些群体的认识,软件分析的相关统计如图3-7所示。

分别来看大学生对这十二个群体的认知,学生们的主流回答为:艺术家是浪漫的/具有创造精神的/有想象力的;名人是有影响力的/值得

图3-7 学生对"艺术家、名人、知识分子、政府人员、农民、工人、军人、律师、医生、商人、记者应该……"的回答词频分析

学习的社会榜样；知识分子是努力学习的/传播知识的/贡献社会的；政府人员应该全心全意为人民服务；农民应该勤奋/努力工作/辛勤耕耘；工人应该努力工作/恪尽职守；军人应该保家卫国；律师应该遵守法律/维护公平正义；医生应该救死扶伤；大学生应该努力学习报效祖国；商人应该诚信经营/良心经营；记者应该实事求是/报道真相。对于这些问题的回答，学生们呈现出很高的一致性，主流的回答非常突出，这说明"00后"群体对于特定身份群体的认识已经形成了稳定的价值偏好。整体来分析这十二个问题可以发现，当代大学生群体对于个体身份认知的价值观偏好呈现出看重学习、强调敬业精神和推崇服务精神的特征。

2. 理工科"00后"大学生对"基础"课的需求

以上对理工科"00后"大学生思想的全面分析，有助于我们更好地开展"基础"课建设工作。笔者在某个学期末收集了2776名理工科"00后"大一学生对"基础"课的建议。用Nvivo软件做的词频分析如图3-8所示。

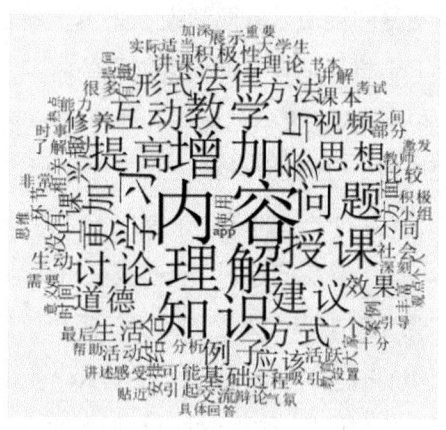

图 3-8　学生对"思想道德修养与法律基础课"建议的词频统计

学生们的回答中对课程内容、课堂形式、授课模式等方面提出了许多宝贵的建议。根据软件的统计和分类，对于课程内容，学生们建议加强知识性和理论性，同时要紧密结合现实、贴近大学生的实际情况，用最新的案例和故事进行讲解；对于课堂形式，他们希望加强趣味性，有更多的参与和互动，多举行一些如辩论、演讲、讨论、游戏之类的活动；对于课堂模式，一方面要加强课堂管理，另一方面希望能够灵活使用手机等信息科技手段，同时充分利用课余时间引导学生阅读和思考，实现课堂"翻转"，让"基础"课"活"起来。

第一，"内容"是理工科"00后"大学生对"基础"课的最大需求。相比思想政治理论课的其他三门课程而言，"基础"课的特征在于综合性和应用性，而理论性则显得并不是那么突出。很多同学认为"基础"课"讲的都是大道理，小学、中学政治课都讲过"，这说明对"基础"课的认识存在一定偏见。特别是在新时代背景下，随着经济和信息科技的飞速发展，学生们获取国内外资料、书本、数据的能力大大提升，认知水平有了很大提高，结合前文对学生思想状况的分析，他们基本具备了国际视野，有着强烈的社会责任感，有着较高的精神需求。因此，学生希望"基础"课能够提供更多的理论养分，而不仅仅只是资料、数据的堆积和素材的展现。有同学说"书本上的很多内容电视上也经常说,思修课堂上不想只是听老师们重复那些内容,我们想知道为什么要这样说"。比如中国人民大学刘建军老师给"00后"大学生开展过一次讲座,学生们反馈,"听刘老师的课太过瘾了!""刘老师的用词很精准"。学生们大大赞赏刘老师的课,重点在于其内容、逻辑和深度。

第二,"贴近生活,解决问题"是理工科"00后"大学生对"基础"课的希望。作为大学生步入大学的第一门思想政治理论课,大学生面临着从中学到大学的时空转换,从中学生到大学生的身份转换,从父母照顾到独立生活的地位转换。这一过程有很多的思想问题需要引导和解决,"基础"课对于摆正"三观"、确立理想、塑造品格有着很重要的意义。需要教师将教材话语向学生易于接受的生活话语转化,围绕学生们困惑的问题,让学生们真正感觉到"基础"课接地气,"对我有用"。比如有同学指出,"希望老师能在教学过程中多举例,让我们感受一下这些概念在生活中的魅力""由于知识较抽象,所以希望老师能举有趣的贴近生活的例子提高听课热情。"

第三,"训练思维,提升能力"是理工科"00后"大学生对"基础"课的预期。结合对学生们思想特征的分析,理工科"00后"大学生对于个人成长有着强烈的要求。努力奋斗、能力提升都是他们强调的人生观和价值观。因此他们希望能够通过课堂实现思维的训练和能力的提升。新时代的"00后"不再是沉默的一代,他们希望表达,希望有更多的舞台,因为他们有强烈的个人成长的追求。有同学提到"希望老师提出一些解决问题的不同思维、不同方法,引导同学们从多角度去思考、解决问题""希望老师多讲述社会科学的知识,让同学们有更好的思辨能力""希望老师可以在教学过程中帮助我们加强逻辑思维的训练,提升我们对事物的认知能力""希望老师能给学生一个项目,提升我们的团队能力、组织能力和实践能力"。

第四,"增强互动,提升趣味"是理工科"00后"大学生对"基础"课的要求。在调研过程中,对于思修课的建议,"互动""讨论""有趣""辩论""视频"等都是出现频率较高的词汇。这充分说明"00后"大学生有强烈的参与课堂的愿望,希望能够更好地利用课堂时间,通过自身的参与和体验加强对课堂内容的消化和理解。比如,大班授课时可以对学生进行分组,组内有讨论、组间有竞赛。正如有同学说"希望能有更多机会交流,了解其他同学的想法,增进友谊""让大家都能表达出自己的想法,让更多有趣的灵魂碰撞"。也有同学建议"给学生一个完成项目和展示自己的机会,这个项目可以是一篇合作论文,一次演讲,或是一个视频"。还有同学建议"希望能多一些互动,依靠时事热点,让同学们扮演情景剧,让大家更有代入感"。同时对于辩论或者模拟法庭之类的形式,许多同学也表示欢迎。

3. 理工科"00后"大学生"基础"课建设的思考

理工科"00后"大学生是我国未来科技事业发展的重要力量？通过调研其思想特征可以总结为人生观方面的主体意识和责任意识的凸显,世界观方面的全球眼光和国际视野以及价值观上的对健康、幸福、个人成长、美好生活和更丰富的精神世界的追求。"基础"课作为立德树人的重要启蒙课程,对于理工科大学生既要根植理想信念,也要注重科学精神的培育,还要强调人文素养的形成,最终实现科技人才的培育。

结合理工科"00后"大学生对于"基础"课的需求,新时代背景下,对于理工科"00后"大学生"基础"课的建设要注意以下几个方面。

第一,突出教学内容,根植理想信念教育和科学精神的培育。对于科技人才的培育,理想信念教育是最首要的内容。针对目前"00后"大学生人生观上呈现的多样化倾向,要结合不同学生的价值取向进行个性化教育,引导学生树立崇高的理想信念。"基础"课教师要掌握学生的思想动态,利用课上、课下对学生展开多样化的教育工作。在这一过程中，必须突出教学内容，以理论魅力说服人。对于知识点的传授要寻找理论逻辑和哲学根基，通过"彻底"的理论实现"彻底"的思想转化。另一方面，科学精神的培育对理工科大学生的成长成才也是非常重要的内容，也应该纳入"基础"课的教学内容中来。对于理工科"00后"大学生丰富的精神世界的追求，要将科学精神的内容充实到教学中去，训练大学生批判、怀疑、不断创新、追求真理的进取精神。

第二，强化现实导向，实现思维能力和实践能力的提升。由于"00后"大学生有着强烈的个人成长的需求，"基础"课教学要立足于立德树人这一根本宗旨，突出现实导向和问题意识，密切关注学生成长规律和心理特征，从学生关注与困惑的问题入手，以问题的形式引导学生思考，实现思辨能力和思考能力的提升，同时通过丰富教学形式，创造机会和搭建平台促进学生实践能力的提升。

第三，增强参与互动，培养人文素养和锤炼高尚的道德品格。当下"00后"大学生群体处在一个信息爆炸、全媒体覆盖和互联网高速发展的时代，"基础"课要在保证其方向、宗旨和内容不变的前提下，结合最新科技手段丰富其教学形式，实现"课堂革命"，特别是理工科的学生，对于科技、网络等更有兴趣和偏好。因此，对于理工科"00后"大学生的"基础"课教学一定要增加参与和互动内容，增强课程的趣味性，灵活运用各种最新科技手段，如手机、互联网、抖音、VR/AR等，全方位、立体化，增强体验感，在保证内容的基础上以形式的丰富和多样实现教育效果，培养学生的人文素养和锤炼高尚的道德品格。

二、依托校园文化活动

习近平总书记强调："一种价值观要真正发挥作用，必须融入社会生活，让人们在实践中感知它、领悟它。"❶ 因此，在高校开展社会主

---

❶ 习近平谈治国理政：第一卷［M］．北京：外文出版社，2014：165.

义核心价值观的培育和践行，除了依托课堂以外，还要通过校园文化活动，以隐性的方式对学生们开展"润物细无声"的社会主义核心价值观教育，实现"显性教育和隐形教育相统一"。一方面，社会主义核心价值观教育与大学校园文化活动既有理论上的契合性，又有实践上的契合性。从理论上看，社会主义核心价值观教育与校园文化都属于文化范畴，是作为一种文化现象而存在，也是一种文化活动。从实践上看，社会主义核心价值观的培育和践行在高校的重要载体就是校园文化活动。中共中央办公厅印发的《关于培育和践行社会主义核心价值观的意见》中多次提到将社会主义核心价值观与校园文化相结合。如"坚持以人为本、德育为先……形成课堂教学、社会实践、校园文化多位一体的育人平台"❶"注重发挥校园文化的熏陶作用……建设体现社会主义特点、时代特征、学校特色的校园文化"❷ 等。党的十九大报告进一步指出："要以培养担当社会民族复兴大任的时代新人为着眼点，强化教育引导、实践养成、制度保障，发挥社会主义核心价值观对国民教育、精神文明创建、精神文化产品创作生产传播的引领作用，把社会主义核心价值观融入社会发展各方面，转化为人们的情感认同和行为习惯。"❸

以北京理工大学为例，自 2018 年起在全校组织开展"担复兴大任、做时代新人"主题教育活动，通过学习、讨论、实践、深化等环节，将大学生思想引领融入日常，持续激发学生成长成才的主体意识和内生动力。其中有代表性的典型讲述有机械与车辆学院博士生、中国"互联网+"大学生创新创业大赛总决赛冠军倪俊，以"勇做创新报国的时代先锋"为主题，讲述了他和他的团队怎样在"大情怀"的感召下矢志创新的故事。8 年的学生科技创新活动生涯，与 400 多名队友并肩奋

---

❶ 关于培育和践行社会主义核心价值观的意见［M］. 北京：人民出版社，2013：7.
❷ 关于培育和践行社会主义核心价值观的意见［M］. 北京：人民出版社，2013：8.
❸ 习近平. 决胜全面建成小康社会夺取新时代中国特色社会主义伟大胜利［M］. 北京：人民出版社，2017：42.

斗过的宝贵时光,记录的是像倪俊一样的北京理工大学青年学生面向国家需求、刻苦求学钻研、勇于创新创造的青春篇章。"担复兴大任,做时代新人",如倪俊所说,学生科技创新活动培养了青年学子们"一颗颗大大的初心"。还有北京理工大学信息与电子学院 2009 届博士毕业生、中国科学院空天信息创新研究院研究员、博士生导师徐颖,以"甘当大国重器的螺丝钉"为主题,讲述了她的学习成长故事,呈现出了一名从"红色国防工程师的摇篮"成长起来的青年科学家的职业精神、社会责任和使命担当。北京理工大学机电学院副院长、爆炸科学与技术国家重点实验室副主任黄广炎,讲述"兵器精神的新时代表达"。爆炸力学泰斗、北京理工大学兵器学科奠基人丁儆,一生装填家国梦、为炸药把脉的火炸药泰斗徐更光院士,引领软毁伤撒手锏武器研制、重病不下火线的冯顺山教授,做出开创性引领性重大贡献、首届全国创新争先奖获得者王海福教授……在北京理工大学这样一所流淌着"延安根 军工魂"红色基因的学校中,一代代兵器人始终以服务国家需求为己任,潜心研究、默默奉献,在不断壮大的"中国力量"上写下了自己沉默而有力的一笔。2019 年 11 月,机电学院 2013 届本科毕业生、西藏山南市加查县安绕镇纪检书记兼派出监察室主任、安绕镇塘麦村党支部第一书记次旦扎西,在遥远的西藏地区用视频向同学们讲述了自己毕业后毅然回到祖国西南边陲,从一名大学生"华丽转身"深入基层为百姓服务的经历。在他看来,扎根基层、立足本职、主动作为,在祖国最需要的地方挥洒青春汗水,更好地服务群众和回报社会就是一份顶天立地的使命担当。

以上讲述以鲜活的、真实的故事感动着每一位聆听的学生,其弘扬的精神、传播的正能量让社会主义核心价值观悄然在学生心中生根发芽。

第三节 社会主义核心价值观教育
过程中宣传思想工作的策略

党的十八大以来,习近平总书记关于宣传思想工作的论述日益丰富和完善。其中"坚持正面宣传为主,决不意味着放弃舆论斗争"❶ 这一重要论述是新时代宣传思想工作中正确处理正面宣传和舆论斗争关系的重要策略。这也是新时代背景下,培育和践行社会主义核心价值观的重要内容。

一、社会主义核心价值观教育要牢牢坚持正面宣传为主

宣传思想工作中的正面宣传最早由李瑞环同志提出。他指出坚持正面宣传的方针就是要"准确、及时地宣传党的路线、方针、政策,实事求是地反映社会现实生活的主流,让人民群众用创造新生活的业绩教育自己,形成鼓舞人们前进的巨大精神力量,在当前就是要造成一个有利于稳定局面的舆论环境"。主要包括世界发展层面、国家建设层面、精神文化层面、制度设计层面、道路选择层面以及哲学基础层面要有正面导向。❷ 党的十八大以来,习近平总书记多次重申了宣传思想工作中"以正面宣传为主"的这一方针,并将这一思想系统化。

(一)坚持正面宣传为主的原因

首先,每个社会形态都有占主导地位的意识形态。马克思在《德意

---

❶ 中共中央文献研究室. 习近平关于社会主义文化建设论述摘编[M]. 北京:中央文献出版社,2017:27.

❷ 李瑞环. 坚持正面宣传为主的方针——在新闻工作研讨班上的讲话[J]. 求是,1990(05).

志意识形态》中指出一个阶级是社会上占统治地位的物质力量,同时也是社会上占统治地位的精神力量。❶ 前进的时代总有一种向上的精神在引领,发展的社会也总有一种积极的主流在牵引。正面宣传能够营造积极的主流意识形态,打造积极向上的社会氛围,引领社会健康发展。其次,共产主义者必须公开说明自己的观点、目的和意图。《共产党宣言》开篇就明确指出现在是共产党人向全世界公开说明自己的观点、自己的目的、自己的意图并且拿党自己的宣言来反驳关于共产主义幽灵的神话的时候了。❷ 共产主义者要公开公然地申明自己的观点、目的和意图,要加大宣传力度,经受历史和人民的考验。再次,正面宣传能够展示社会发展的全貌。在马克思主义辩证法的指导下,正面宣传兼顾主流和支流、成绩和问题、全局和局部,能够客观公正地展示社会发展的全貌,起到重要的宣传意义。最后,正面宣传能够实现社会力量的动员。国际形势深刻变化,我们正在进行具有许多新的历史特点的伟大斗争,面临的挑战和困难前所未有,现代信息技术和网络信息科技的迅猛发展也对意识形态和社会舆论带来很大挑战,必须激发全党全社会团结奋进、攻坚克难的强大力量,调动各方面的积极性、主动性、创造性。❸ 通过正面宣传让社会思想有主心骨,营造正能量的社会氛围。

(二) 正面宣传的内容

首先要加强爱国主义教育。爱国主义教育是正面宣传中的首要内容,要通过正面宣传生动传播爱国主义精神,唱响爱国主义主旋律,让爱国主义成为每一个中国人的坚定信念和精神依靠。同时,正面宣传要建立在扎实的学术基础知识之上,对于爱国主义教育,首先要弄清祖

---

❶ 马克思恩格斯选集:第一卷 [M]. 北京:人民出版社,2012:178.
❷ 马克思恩格斯选集:第一卷 [M]. 北京:人民出版社,2012:399.
❸ 中共中央文献研究室. 习近平关于社会主义文化建设论述摘编 [M]. 北京:中央文献出版社,2017:44.

国、国家、民族国家、政治国家、民族主义、狭隘民族主义、民粹主义、国家主义等概念的准确定义。其次要加强集体主义教育。集体主义根源于中国传统文化，也是马克思主义、毛泽东思想和中国特色社会主义理论体系的重要内容，它强调"真实的集体""最广大人民群众的根本利益""个人利益与集体利益的辩证统一"，宣传思想工作要以集体主义教育为重要内容进行正面宣传，营造健康、和谐、友善的社会意识形态。最后要加强社会主义教育。社会主义教育关系我国发展的道路和旗帜，要通过正面宣传让人们深刻认识社会主义的科学性、实践性、民主性、人本性等，并且深刻认识资本主义制度的剥削性、虚伪性以及强权和压迫等思想本质。要注意在正面宣传过程中，"内容永远是根本"，必须坚持"以内容为王"❶。

二、社会主义核心价值观的宣传教育不能放弃舆论斗争

舆论斗争是指在复杂的国际国内形势下，社会思潮风云激荡的新形势下，面对日趋活跃的社会思想观念和价值取向，意识形态斗争异常激烈，由此将舆论场比喻为战场，对于事关坚持还是否定四项基本原则的大是大非和政治原则问题上的错误舆论要大胆"亮剑"，进行斗争，占领阵地。宣传思想战线的同志要履行好自己的神圣职责和光荣使命，以战斗的姿态，战士的担当，积极投身宣传思想领域斗争一线。❷

（一）不能放弃舆论斗争的原因

首先，马克思主义辩证法启发我们要全面、系统地看问题，既要关注主流，也要关注非主流；既要关注正面，也要关注负面。按照马克思

---

❶ 中共中央文献研究室.习近平关于社会主义文化建设论述摘编［M］.北京：中央文献出版社，2017：46.
❷ 中共中央文献研究室.习近平关于社会主义文化建设论述摘编［M］.北京：中央文献出版社，2017：45.

主义辩证法思想，事物是广泛联系的，也是互相制约的，要用全面、系统的思维方式看问题，既看到正面，也要关注负面。其次，对于错误思想要勇于批判。马克思恩格斯面对资本主义制度的劣根性，面对当时大量的错误理论和思潮，勇于批判和辩驳，以彻底的真理力量说服人。《〈黑格尔法哲学批判〉导言》中指出，"在同这种制度进行的斗争中，批判不是头脑的激情，它是激情的头脑""批判已经不再是目的本身，而只是一种手段。它的主要情感是愤怒，它的主要工作是揭露"。❶ 马克思还指出面对社会的腐朽，面对错误的思想"一定要开火"，指出批判的目的是揭露实质，这应当成为我们开展舆论斗争的指导。最后，破立并举，以斗争深化对正确理论的认识。马克思恩格斯在批判错误思想的过程中写道，"因此消极的批判成了积极的批判；论战转变成对马克思和我所主张的辩证方法和共产主义世界观的比较连贯的阐述"。❷ 马克思恩格斯深入分析理论实质，以理论的透彻性说服人，因此开展舆论斗争也是一个很有必要的、能够深化理论认识的过程。

（二）要把握好舆论斗争的重点领域

对于舆论斗争，"要高度重视苗头性、倾向性问题，打好主动仗，防患于未然"❸，其重点要关注的内容有以下几个方面：一是关于普世价值的论争。其险恶用心是要争夺阵地，争夺人心，争夺群众，最终推翻中国共产党领导和中国社会主义制度。如果听任这些言论大行其道，指鹿为马，三人成虎，势必搞乱党心民心，危及党的领导和社会主义国家政权安全。在事关坚持还是否定四项基本原则的大是大非和政治原则

---

❶ 马克思恩格斯选集：第一卷［M］. 北京：人民出版社，2012：4.
❷ 马克思恩格斯选集：第三卷［M］. 北京：人民出版社，2012：383.
❸ 中共中央文献研究室. 习近平关于社会主义文化建设论述摘编［M］. 北京：中央文献出版社，2017：36.

问题上,我们必须增强主动性、掌握主动权、打好主动仗。❶ 二是关于"颜色革命"的舆论。当前,各种敌对势力一直企图在我国制造"颜色革命",妄图颠覆中国共产党领导和我国社会主义制度。他们选中的一个突破口就是意识形态领域,企图把人们思想搞乱,然后浑水摸鱼、乱中取胜。❷ 我们要警惕这一舆论的危害,对于其本质进行猛烈抨击,牢牢把握四项基本原则。三是关于历史虚无主义的斗争。习近平总书记指出:"国内外敌对势力往往就是拿中国革命史、新中国历史来做文章,竭尽攻击、丑化、污蔑之能事,根本目的就是要搞乱人心,煽动推翻中国共产党的领导和我国社会主义制度。"❸ 对于历史虚无主义的本质、最新表现形式、产生原因和危害要大胆"亮剑",旗帜鲜明地与其进行斗争。

三、新时代社会主义核心价值观的宣传教育要实现正面宣传和舆论斗争的统一

(一)正面宣传与舆论斗争的目标一致

社会主义核心价值观宣传教育工作的正面宣传与舆论斗争的统一是由意识形态工作的建设性和批判性所决定的。按照马克思的观点,人类社会通过生产力和生产关系、经济基础和上层建筑的矛盾运动形成了五种社会形态的依次更替。每一种社会形态都有其物质基础所对应的意识形态。我国的宣传思想工作要倡导的就是社会主义的意识形态。一方面,意识形态作为上层建筑的一部分,对经济基础有反作用,要通过意

---

❶ 中共中央文献研究室.习近平关于社会主义文化建设论述摘编[M].北京:中央文献出版社,2017:27.

❷ 中共中央文献研究室.习近平关于社会主义文化建设论述摘编[M].北京:中央文献出版社,2017:37.

❸ 习近平总书记系列重要讲话读本[M].北京:学习出版社,2016:32.

识形态的建设不断巩固经济基础和各方面的发展,因此意识形态工作具有建设性,要通过正面宣传不断发挥其建设效应;另一方面,我国的社会主义意识形态在经济基础、政治制度、社会文化等多方面都会与其他社会制度的意识形态存在差异和冲突,因此必然面临着其他社会形态在意识形态领域的攻击和挑战。因此,意识形态工作具有批判性,具体表现就是舆论斗争。因此正面宣传与舆论斗争也是统一的,应通过建设性和批判性使社会舆论朝着健康、向上的方向发展。

(二) 坚持正面宣传与进行舆论斗争的要求一致

首先必须具备政治意识。即要有正确的政治方向,有坚定的政治信仰,有稳定的政治立场,有敏锐的政治眼光,有清醒的政治头脑和坚定的政治定力。无论是正面宣传还是舆论斗争都需要具备这样的政治意识。其次,必须具备大局意识。"政治家办报,首先要有大局意识""不谋全局者,不足谋一域",要自觉在大局下思考、在大局下行动,在围绕中心、服务大局中找到坐标、找准定位。❶ 对于正面宣传和舆论斗争切勿片面追求点击量、转帖量和名人效应等短期效应,而要从大局考虑,牢牢坚持马克思主义新闻观。再次,必须具备责任意识。习近平总书记明确指出各级党委和部门要强化责任意识,在重大问题上与党中央保持高度一致,绝不允许吃共产党的饭、砸共产党的锅。❷ 宣传思想工作者,无论是在进行正面宣传还是在舆论斗争过程中,都要对自己所说、说写的每一句话、每一个字负责任。最后,必须具备阵地意识。2013 年 8 月习近平总书记在全国宣传思想工作会议上强调:"我们的同志一定要增强阵地意识。宣传思想阵地,我们不去占领,人家就会去占

---

❶ 中共中央文献研究室. 习近平关于社会主义文化建设论述摘编 [M]. 北京:中央文献出版社,2017:47.

❷ 中共中央文献研究室. 习近平关于社会主义文化建设论述摘编 [M]. 北京:中央文献出版社,2017:36.

领。"他还提出了思想舆论领域的红色、黑色和灰色三个地带及其应对策略。因此，正面宣传的重点是巩固红色地带，同时对黑色地带和灰色地带产生一定影响；而舆论斗争则重点针对黑色地带和灰色地带，以理论的彻底性实现阵地颜色的转变。

（三）坚持正面宣传与进行舆论斗争的方法一致

一是抓重点。"根据形势发展需要，我看要把网上舆论工作作为宣传思想工作的重中之重来抓。宣传思想工作是做人的工作的，人在哪儿重点就应该在哪儿。"❶ 这一思路指出舆论工作要注意抓重点，明确宣传思想工作是做人的工作，找人聚集多的地方。2013年8月习近平总书记在全国宣传思想工作会议上提到"我国网民有近六亿人，手机网民有四亿六千多万人，其中微博用户达到三亿多人。很多人特别是年轻人基本不看主流媒体，大部分信息都从网上获取"。❷ 因此，无论是正面宣传还是舆论斗争都要首先抢占互联网这一重要载体。二是找主体。做好党的新闻舆论工作，关键在人。❸ 这里的"人"主要指的是新闻舆论工作队伍。2016年2月习近平总书记在党的新闻舆论工作座谈会上明确提出："新闻舆论工作队伍的政治素养、理论水平、政策水平、业务能力，直接关系党的新闻舆论工作效果。要适应新形势新任务的要求，加快培养造就一支政治坚定、业务精湛、作风优良、党和人民放心的新闻舆论工作队伍。"❹ 因此，要专门针对正面宣传和舆论斗争两方面，加强专业人才的培养和队伍的建设。三是看载体。无论是正面宣传还是舆论斗争，都离不开载体这一重要平台。随着信息科技的飞速发展，电视、电脑/互联网、手机、广播、会场、剧场等都是重要的载体。"对那

---

❶❷ 中共中央文献研究室. 习近平关于社会主义文化建设论述摘编 [M]. 北京：中央文献出版社，2017：29.

❸❹ 中共中央文献研究室. 习近平关于社会主义文化建设论述摘编 [M]. 北京：中央文献出版社，2017：47.

些恶意攻击党的领导、攻击社会主义制度、歪曲党史国史、造谣生事的言论，一切报刊图书、讲台论坛、会议会场、电影电视、广播电台、舞台剧场等都不能为之提供空间，一切数字报刊、移动电视、手机媒体、手机短信、微信、博客、播客、微博客、论坛等新兴媒体都不能为之提供方便。"❶ 这是对舆论斗争提出了明确的载体要求，任何载体都不能为之提供空间。

四、社会主义核心价值观的宣传教育工作要在实践中处理好正面宣传和舆论斗争的关系

（一）开展正面宣传要注意实事求是和追求正面效果

近年来，部分百姓对于正面宣传存在着一些误解和偏见。比如认为社会主义核心价值观的正面宣传就是讲大道理，喊大口号，与现实生活关系不大。再比如过分强调其政治性和目的性，使某些群众对正面宣传持有一定的怀疑态度。因此，首先要注意正面宣传的前提是实事求是。为了保证宣传的权威性和公信力，正面宣传一定要以内容为王，保证事实的真实，在宏观上考虑事物发展的全貌，客观公正地对事实进行分析。其次，正面宣传强调的"正面"是传播效果的正面。"激浊扬清，针砭时弊"的正面宣传不仅仅指对于正能量、主旋律的正面内容进行宣传和号召，也包括对于负面事实的解释和批判。它是指通过正面宣扬、反面批判达到正面宣传的效果。

（二）把握好坚持正面宣传和舆论斗争的度

正面宣传和舆论斗争分别从建设性和批判性两个维度共同服务于社

---

❶ 中共中央文献研究室. 习近平关于社会主义文化建设论述摘编 [M]. 北京：中央文献出版社，2017：28.

会主义核心价值观的宣传教育工作，两者之间的统一要把握好一个度。太强调正面宣传，容易造成逆反和怀疑，从而给一些非主流的社会思想以空间和路径；而如果太强调舆论斗争，也容易让人产生紧张和消极的情绪，从而忽视光明、乐观的一面，使得宣传效果适得其反。因此要把握好两者之间的度。对于优秀传统文化、光荣历史、革命精神以及有典型示范效应的好人好事要加大宣传力度，经常讲、反复讲，同时对于事关坚持还是否定四项基本原则的大是大非和政治原则问题上必须旗帜鲜明，对于错误言论和错误思潮必须"敢抓敢管，敢于亮剑"[1]，进行猛烈的抨击和斗争。

（三）警惕"低级红""高级黑"的宣传方式

"低级红"是指把政治主张、党的言论庸俗化、简单化，表现为无知和极端，表面上是在做正面宣传，实则损害了党的形象和公信力。"高级黑"是在语言上修饰，甚至打着学术的旗号负面地解读党的宗旨和政策，比如以"反思改革"为名否定改革开放，借口现实中存在的问题攻击共产党的领导和我国的社会主义制度。以所谓"学术自由"为名诋毁马克思主义、否定马克思主义的指导地位，那就应该旗帜鲜明予以抵制。

（四）正确认识开展正面宣传与进行舆论斗争的长期性

宣传思想工作是宣传工作，更是思想工作，即要在人的头脑里搞建设，因此是一项长期工程，具有历史性、发展性和时代性。针对不同的时代背景和时代问题，不同时期有不同的宣传思想工作的重点和任务。新时代面对复杂的、更加隐性的意识形态领域的斗争，要用渐进的方式，润物细无声地把握舆论导向，开展宣传思想工作。影响人的思想，

---

[1] 中共中央文献研究室. 习近平关于社会主义文化建设论述摘编[M]. 北京：中央文献出版社，2017：27.

是一项长期工程,要以一种长期性的、战略性的眼光来认识,从而把握规律,按照规律办事,把握好时、度、效。

第四节 虚拟仿真技术在价值观教育过程中的运用

随着信息时代的到来,大数据、人工智能、5G 和卫星通信等信息科技飞速发展,当今世界正在经历一场革命性的变化,数字化与智能化在越来越多的行业和领域中普及。特别是虚拟仿真技术在教育中的应用给价值观教育领域带来了全新的教育生态。虚拟现实技术是以现实为基础创设虚拟环境,借助现代化传感装置,让体验者在虚拟和现实的交互作用中获得亲临真实环境的感受和体验,从而达到价值观教育的预期效果。这一技术在教育教学中的运用所带来的是教育理念的革新和教学手段、方法、技术、内容乃至时空的革命。

1. 虚拟仿真技术在价值观教育过程中的应用特征

(1) 交互性。价值观教育本身是一个信息和知识的传递过程,在大信息背景下,知识本身变得立体化,呈现出多渠道、多元素、多要素等特征,需要教育者进行全方位的信息传输。而传统教学方式,主要靠老师的口头讲授或者文字、图片、视频等。这种教学方式对老师的语言表达能力和教学组织能力要求极高,且知识在语言传授过程中容易出现信息的丢失。虚拟仿真技术使得学生能够真正进入一个由计算机生成的交互式三维虚拟现实环境中。通过参与者与虚拟仿真环境的相互作用,并借助人本身对所接触事物的感知和认知能力,帮助和启发参与者的思维,以全方位地获取虚拟环境所蕴含的各种空间信息和逻辑信息。这种立体式、全方位的教学方式使得知识以其本身的面貌进行传授,最大限度地保留了知识本身的形态。

(2) 沉浸性。孔子在教育学生过程中,最常使用的方法是观察法和谈话法，比如孔子带学生去观察自然景观，与学生对话时经常打比方和讲故事，其本质就是为学生搭建一个教育场景，让学生沉浸于其中，从而把理论变得形象化，便于学生理解。由于虚拟仿真技术特有的沉浸感和实时性，通过对时间和空间环境的超越，它在军事模拟、先进制造、城市规划、地理信息系统、医学生物、天文等领域中有非常大的应用前景，比如对于一些剧毒物质的试验、未知领域外太空的探索等。虚拟现实技术能够大大推进这些领域的教育教学活动，从而打破时间和空间的局限，将虚拟教育与现实教育紧密结合起来。

（3）时代性。在 5G 时代背景下，价值观教育主体可以以数字人的形式出现。数字人，具体指信息科学与生命科学融合的产物，是利用信息科学的方法对人体在不同水平的形态和功能进行虚拟仿真。其包括四个交叉重叠的发展阶段——可视人、物理人、生理人和智能人，最终建立多学科和多层次的数字模型并达到对人体从微观到宏观的精确模拟。传统教育中，教师和学生是教育过程中的主体和客体，但是也会受时空的限制，比如春秋时代的孔子和老子能否成为当代学生的老师，比如地处美国的教师能否面对面与中国的学生零距离的交流。虚拟现实提供了一种现实可能，即打造一个数字人参与价值观教育教学过程中。数字人能够突破时间和空间的限制，参与到价值观教育教学过程中来，从而更好地利用教育资源达到价值观教育目的。价值观教育对象方面，新时代背景下，从小就深受互联网影响的新时代青年逐渐成长起来，他们对于互联网与信息科技的兴趣度极高，因而乐于接受虚拟仿真教育这种最新科技产品。

（4）趣味性。虚拟仿真教育寓教于乐，通过互动体验教学实现快乐教育。新时代背景下，教育与互动体验相融合越来越成为人们的共识。其最大的特点是通过趣味性的互动体验让个体充分参与到价值观教育教学中来，既寓教于乐，同时又超越了单一的娱乐属性，在保存趣味的同时高效地传递知识，让教育者更好地理解和接受知识，从而使得虚拟仿真教育成为高效的价值观教育工具。从哲学发展来看，东西方哲学家都对游戏哲学有着比较一致的认识，即从教育的角度承认游戏的积极作用。早在古希腊时期，柏拉图就指出游戏是神圣的。康德也指出游戏是摆脱实用与功利，"从一切的强制解放出来"，具有"自由""单纯"和"娱乐"的特征。席勒指出"说到底，只有当人是完全意义上的人，他才游戏；只有当人游戏时，他才是完全意义上的人"。中国传统文化中道家追求游戏世界、游戏人生。儒家代表人物孔子乐学，"饭疏食饮水，曲肱而枕之，乐亦在其中矣""好之者不如乐之者"，指出要以学习为乐，以游戏的心态学习，并乐此不疲，这是一种游戏体验学习的最高境界。

虚拟仿真技术通过创设、模仿真实的生活场景，突破现实生活中时间、空间领域的局限，以寓教于乐的方式，全面激发学生的学习兴趣，一改过去学生对学习的厌倦和焦虑心态，从而回归教育的本质，实现快乐价值观教育。

2. 虚拟仿真价值观教育技术在信息时代的应用场景

（1）实现了价值观教育理念的升华。虚拟仿真价值观教育全面突破传统价值观教育的局限，充分运用各种信息科技手段，VR、AR、MR眼镜将成为每一个学生重要的学习工具，而眼镜中所包含的将是包括价值观教育场景、价值观教育主客体、价值观教育方式、价值观教育内容等全方位、立体式的全面革新内容。

（2）以智慧教室为依托开展虚拟仿真价值观教育。在传统价值观教育框架下，教室是主要的价值观教育场所，教师和学生是主要的参加者，黑板、粉笔以及多媒体设备是主要的教学工具。虚拟仿真教育以智慧教室为场所，在智慧教室的讲台中，内嵌了触控一体机终端系统，实现电脑、音响、大屏等教学相关电子设备"一屏控制""一键开关"；以往课堂常用的投影幕布不见了，取而代之的是内置于黑板、具有触屏功能的高清液晶电子显示屏。同时，教室两侧墙壁还加设了4块电子辅助屏，对黑板主屏进行扩展显示，与黑板主屏、其他辅助屏之间进行跨屏共享。教室内的课桌椅也由原来的固定式桌椅改为可移动拼接式桌椅，方便师生们根据不同的学习内容开展不同组合形式的分组讨论，在这样的教室里通过 VR、AR、MR 眼镜对学生展开虚拟仿真价值观教育。

3. 虚拟仿真价值观教育的未来走向

伴随大数据、人工智能、5G 和卫星通信等信息科技的飞速发展，虚拟仿真价值观教育是顺应时代大势的必然方向。纵观世界文明史，人类先后经历了农业革命、工业革命、信息革命。每一次产业技术革命，都给人类生产生活带来巨大而深刻的影响。目前，人类社会已经步入第四次工业革命，工业 4.0 时代是利用信息化技术促进产业变革的时代，大数据、人工智能、5G 和卫星已成为新时代信息科技发展的重要特征，这些科技的发展也将促进虚拟现实技术的飞速发展。价值观教育作为社会发展的强大动力必然要与时代发展和时代趋势相结合，虚拟仿真价值观教育便是新时代新科技革命浪潮下的产儿，成为价值观教育发展的重要方向，必定会在未来的价值观教育领域实现全面的普及。

（1）虚拟仿真价值观教育能有效解决价值观教育公平问题。目前教育公平是全球教育面临的最突出问题，其根本原因在于传统教育受时空和地域所限，价值观教育对象无法共享最优质的价值观教育资源。虚拟仿真教育突破时空和地域的限制，具有全过程、全时间和广泛性的特征，使得人人享受最优质资源成为可能，从而能够有效解决价值观教育公平的问题。

（2）打造中国特色虚拟仿真价值观教育的"中国模式"。第四次工业工业革命是中国发展的重要战略机遇期，是我们实现弯道超车的最好时机。从百年未有之大变局的世界格局来看，中国已经站在第四次工业革命的最前沿，并且正在迅速变身为高科技创新中心，每年大量的理工科毕业生、高质量的工程师队伍，以及中国共产党领导下的强大的社会动员机制使得中国日益站在科技革命的前端。目前虚拟现实技术也在中国大面积的普及，它在教育领域中的运用将使得中国在未来世界发展中打造中国特色虚拟仿真教育的"中国模式"，引领世界价值观教育的发展。首先，建立社会主义的人才标准。2018年9月，习近平总书记在全国教育大会上强调，坚持中国特色社会主义教育发展道路，培养德智体美劳全面发展的社会主义建设者和接班人。开展虚拟仿真教育也要围绕这个价值观教育目标展开，建立中国特色社会主义人才培养机制，同时向世界推广。其次，我国开展虚拟仿真价值观教育先行先试，向世界提供虚拟仿真价值观教育的标准。2020年12月在清华大学召开世界慕课大会，其虚拟仿真实验教学精彩地展示了未来虚拟仿真教学的完备性，表现在不仅有实验教学知识点、有跨越时空的交互操作、有真实与虚拟的直接的动作交互展示，还有通过智能数字人实现教学主体之一——教师的虚拟仿真，包括外形、动作，还包括智能化技术融合的智能理解与分析，首次创建了完备的虚拟教学环境。我们有理由相信，在更加丰富、完善的教学空间中，能够让学生的认知得到更有效的提升。通过全要素、全流程、智能化的虚拟仿真构建完备性，这也是虚拟仿真价值观教育标准发展的方向。

第四章
西方国家价值观培育和践行的现状及经验——以美国为例

价值观作为价值观念的完整系统,是一定历史时期的人们对价值问题所持的立场、观点和态度的总和。它渗透到现实生活的各个领域,每一个个体都承载着一定的价值观。而个体的集合,任何一个组织、社会、国家都必然存在着一个价值观的集合,即必然产生国家意识形态。因此,每个国家都必然存在着主流的价值观,它表现为在国家的管理下,大多数人中具有的共同价值观念。

西方国家也都有自己的国家价值观,并且开展了许多价值观教育的活动。本章选取美国进行深入系统的分析,对其培育和践行价值观的现状进行梳理和介绍。

第一节 美国核心价值观内涵

美国虽没有核心价值观的成文表述,出于比较的目的,可以通过对美国价值观教育历史的梳理和一些机构的核心价值观将其概括出来。由于受经济、社会、文化、宗教等多方面因素的影响，美国的价值观教育经历了起源、淡化、复归和发展四个阶段，实现了从倡导"价值中立"到强调"核心价值观"的转变过程。

1992年7月，约瑟夫森道德学院召集了一些教育领域的专家及科罗拉多州亚斯本的青年组织负责人召开会议并起草了著名的《亚斯本宣言》，其中写道："一个和谐社会的现在和未来需要具有高尚品格的友善的市民。人们不会自发地形成高尚的品德，因此我们需要付出大量的努力来帮助人们发展价值观以及做出道德选择。有效的品格教育要建立在民主社会的核心价值观的基础之上。这里的核心价值观尤其指尊重、责任、信任、友善、公平正义以及公民道德。"这次会议明确提出了要确立核心价值观，并指出核心价值观尤指尊重、责任、信任、友善、公平正义及公民道德。之后美国政府、社会和教育机构都尝试着总结适用自己的核心价值观。美国联邦检察官办公室规定的核心价值观包括平等正义、诚信正直、追求卓越、责任、合作、人权、公共安全等；《加利福尼亚州教育法》第44790条规定，公民价值包括个体的尊严和价值、公平和正义、诚实、勇敢、自由、责任感和集体感。新泽西州参议院1992年第13号决议案和第298次会议指出，社区课程规划中要包含如下的价值内容：同理心、谦让、诚信、正义、责任心、自律、自尊和包容。佐治亚州教育部规定该区域的学校必须教授如下核心价值观：民主、尊重、平等、自由、包容、勇敢、爱国、忠诚、正直。社会团体中，品格教育协会确立了尊重自我和他人、责任心、正直、自律等重要的核心价值观。国际教育协会在2006年的代表大会上制定了5个方面的核心价值观，即平等的权利、公正的社会、民主、合作和集体行动。约瑟夫·肯尼迪基金会制定了从幼儿园到12年级的品格教育计划，肯定了友善、尊重、信赖、责任与和谐这5个价值观关键词。教育机构中，著名的"蓝带学校计划"规定，杰出学校的衡量标准之一就是将价值观教育置于重要地位，并制定了一整套核心价值观内容，具体包括尊重、责任感、同理心、诚信、友善、自律、正义和公德。得克萨斯州伯拉诺学区 2013 年制定的年计划中认定的核心价值观包括谦虚、诚信、正直、公平、爱国、公德、尊重自己和他人、尊重权威、勇敢、自律、包容和责任感。弗吉尼亚州的登比高中把学校的核心价值观确立为诚实、同理心、尊重、责任和勇气。俄亥俄州的哈瑞森小学将自己的核心价值观规定为平等、接纳、正直和包容。南卡罗来纳州托马斯霍华德学校规定的核心价值观为同情、正直、坚毅、尊重和责任。综上以及其他众多机构对核心价值观的表述,笔者将美国的核心价值观概括为自由、民主、平等、爱国、友善、尊重、包容、诚信、责任、勇敢、自律和坚毅。

对于上述美国核心价值观也可以从以下三方面来理解。

第一,理解美国核心价值观内涵的出发点是"个人主义"的价值理念。美国作为资本主义制度的代表性国家,强调资本属于个人以及个人追求利益的重要性。因此,在美国社会中,"个人主义"的价值理念及其重要特点是我们理解美国核心价值观的出发点:它以个人为核心,认为个人利益优先于社会和国家的利益;认为个人独立于他人,有自己的需求、目标和愿望,崇尚自由、权利和个人的独立行动,追求个人的自我实现;从信念上,它主张个人需求比社会需求更重要;从行为上,"个人主义"主张个体的行为不受外界限制。

第二,美国的核心价值观没有明显的层次划分,但是可以划分种类。我国以集体主义为原则,强调个人和集体的统一,因此社会主义核心价值观可以从国家、社会和个人三个层次来理解。美国社会信奉"个人主义"的价值理念:从层次上看,其核心价值观没有明显的层次划分;从种类上,可以分为公民价值观、道德价值观和个人行为的价值观。一是公民价值观包括自由、民主、平等、爱国。"自由"是指在不侵犯他人自由的前提下,个人可以按照自己的意愿自由地行动和思考。"民主"是指一种宪政制度,即代议制民主,人们可以通过选举来选择政府。"平等"是指每个人，无论是哪个民族、何种肤色、哪种信仰、什么背景，都要公正和有尊严地对待，每个人都有权利接受教育、得到经济收益、参与政治以及实现自我。"爱国"是指对国家忠诚，为祖国作贡献，它包括对国家价值观的热爱。二是道德价值观包括友善、尊重、包容和诚信。"友善"指的是关爱他人、同情他人和善待他人，特别强调同理心和学会感恩。"尊重"包括尊重自己、尊重他人（对于不同种族、不同宗教、不同信仰的人给予接纳和欣赏）、尊重所有的生命体及环境。"包容"是指对差异性的接纳。"诚信"是指实事求是、值得信赖。三是行为价值观包括责任、勇敢、自律和坚毅。"责任"是指对他人和团队有帮助；对自己作出的选择负责；注意自己行为对其他人的影响。"勇敢"是指克服恐惧和困难，勇于面对自己的错误。"自律"是指国家的公民或者政治团体自己管理自己、自己要求自己。"坚毅"是指做事要坚持不懈、永不放弃。

第三，明确美国核心价值观的本质是美国特色资本主义的核心价值观。美国是资本主义社会，美国核心价值观也必然是在资本主义体制内存在的，所以理解美国核心价值观内涵必须结合对资本主义制度的理解，同时要结合美国现当代的国情。需要指出的是，中国和美国的核心价值观的内涵都不仅仅局限于这12个词，只是出于比较的目的，笔者选取其中确定性的内容来进行比对和区分。

第二节　中美核心价值观内涵的比较

通过对中美核心价值观内涵的阐释，我们可以发现二者既存在相同之处，也存在着本质上的区别。

首先，从字面上看，某些字面的一致说明中美核心价值观中存在着"共同价值"。"共同价值"是指人类社会作为一个社会有机体，在不断向前发展过程中积淀的优秀价值文明。按照马克思主义思想，人类社会通过生产力和生产关系、经济基础和上层建筑的矛盾运动形成了从低级到高级的发展，经历着从原始社会、奴隶社会、封建社会、资本主义社会到共产主义社会（社会主义社会是它的初级阶段）五种社会形态的依次更替。尽管社会发展的道路是曲折的，有时还会出现历史的倒退，但发展的总趋势是前进的、上升的，是不可阻挡的。而人类"共同价值"就是在这一社会形态历史发展过程中积淀出来的，推动人类社会不断前进的价值引擎，是人类文明积极的共同成果。它具有统一性、引领性和发展性的特征。以中美核心价值观中共同存在的"诚信"为例，无论是资本主义社会还是社会主义社会，都是由人来组成，人的本质都是社会关系的总和，人需要和他人交流与合作，这就存在着一种人际关系的准则，"诚信"就是其中之一，它作为人类社会的"共同价值"能够引领全社会朝着和谐有序的方向发展。同样，对于"友善"等也可视作人类文明中的优秀"共同价值"。对于"共同价值"，当下有人常常以"普世价值"取代，混淆民众的视听。我们要知道，"普世价值"从学术的概念来讲，是指抽象的、绝对的、永恒的、普天之下所有人共同认可的价值理念。它具有机械性、非实践性和非历史性的特征。它机械地对待普遍与特殊、共性与个性的关系，割断了人类文明价值与具体社会历史背景和社会制度的关系，忽视了人类社会的复杂性和发展性。此外，从国际政治的角度看，"普世价值"还隐含着"普世模式"的意思，指一些国家长期形成的和倡导的社会治理模式，并希望将这种模式推销给别国。所以对于中美核心价值观中的一些共用词汇，我们要肯定"共同价值"的存在，不可将之归于"普世价值"。

其次，从内涵上看，某些字面的一致不等于内涵的一致。以"自由"为例，一方面，从理解两国核心价值观的出发点来看，从集体主义出发来理解社会主义核心价值观中的"自由"，是指个人自由要通过集体自由的实现来达到，所以自由是"有限"的，要受法律和各种社会规章制度的约束。而从个人主义出发来理解美国核心价值观中的"自由"则是指实现个性的自由和解放。两者内涵完全不同。另一方面，从"自由"这一价值观的主体来看：社会主义核心价值观中"自由"的主体是社会，强调全社会的自由；而美国核心价值观的"自由"主体是个人，仅仅强调个体本身的自由。此外，从中美两国核心价值观扎根的实际来看，我国的"自由"是中国特色社会主义初级阶段的"自由"，与发达资本主义国家美国的"自由"也是完全不同的。我们再来看"民主"。从理解核心价值观的出发点来看，从集体主义出发来理解社会主义核心价值观中的"民主"，是指广泛意义上的人民当家做主，其内容是丰富的。它包括选举民主、政治协商民主以及基层民主等。而从个人主义出发理解美国核心价值观中的"民主"，更多强调一种宪政制度，主要是选举上的民主，即每一个体都有选择政府的权利。再看"平等"，我们倡导的平等是社会层面的，强调结果的平等，它兼顾效率与公平原则，是要实现人人共享社会主义的"果实"。而美国核心价值观中的"平等"更强调的是机会的平等。比如在"美国梦"的话语下，每一个社会公民都有就业、创业和获得报酬的机会，但是如果失败了，就是自身不够努力的结果。所以理解价值观要深刻理解它的内涵，形式上看它只是两个字，但是内涵就不仅仅是字词，更包含着丰富的内容。

最后，从本质上看，中美核心价值观内涵存在着本质上的区别。中国核心价值观的本质是中国特色社会主义核心价值观，美国核心价值观的本质是美国特色资本主义核心价值观。两者在社会制度这一根本问题上存在着质的区别，我国的核心价值观在社会主义的制度下，美国的核心价值观在资本主义的制度下。二者最本质的区别体现在生产关系上，资本主义维护私有制，强调生产资料的个人所有，而社会主义要消灭私有制，强调生产资料的公有制，因而反映在核心理念上就是"私有"和"公有"的区别。此外，我国的核心价值观不仅是社会主义的，还是中国特色的，这就区别于一般的社会主义国家。我们的核心价值观立足于我国的基本国情,即我国处于并将长期处于社会主义初级阶段,我国在推进社会主义改革的攻坚期,会面临许多历史遗留问题,如人口问题和资源问题等。因而从这样一个"最大的实际"出发,我国的核心价值观必然不同于其他社会主义国家,也必然不同于资本主义国家。同样,美国核心价值观也是美国特色资本主义的核心价值观,它区别于一般的资本主义国家,立足于美国发展的实际。当前美国处于垄断资本主义阶段,经历了两百多年资本主义的发展,实现了经济的腾飞,处于西方发达国家首位,同时也面临大量的移民人口、青少年犯罪、种族歧视、同性恋和艾滋病等复杂的社会问题,因而美国也面临自己的"最大的实际",所以美国核心价值观也必然不同于其他资本主义国家的价值观。由此可见,中美核心价值观的本质是相差甚远的。

第三节 "人类命运共同体"与"美国优先"价值理念的比较

新时代背景下,随着国际局势的风云变幻,中美价值观内涵比较中有一个重要的内容——"人类命运共同体"与"美国优先"价值理念的比较分析,本书对这一内容作如下重点阐释。

"人类命运共同体"思想是在马克思主义世界历史理论基础上,深刻把握历史发展规律提出的世界发展理念,也是我国古代政治思想的重要内容之一。"美国优先"是美国第一批清教徒移民以宗教的名义植入的文明优越论。中美贸易摩擦的实质是两种文化、两种意识形态、两种价值理念的摩擦。追溯两国文化的思想根源,探求"人类命运共同体"与"美国优先"价值理念的本质区别,对于深刻认识中美贸易摩擦、正确把握中美关系未来走向有重要的意义。

一、"人类命运共同体"是基于马克思主义深刻把握历史规律的新型文明观

1. "人类命运共同体"理念的马克思主义理论蕴涵

"人类命运共同体"理念最早源于中国古代的"天下大同""天下为公""以民为本""以和为贵""协和万邦"和"万国咸宁"等政治思想,是在马克思主义世界历史理论的基础上,通过理论与实践的结合提出的世界发展理念。它包含的马克思主义理论蕴涵主要有以下几个方面。

首先,全球化是世界发展的必然趋势。一方面,它表现为资本的全球化。马克思曾经从资本的概念出发,指出创造世界市场的趋势已经直接包含在资本的概念本身中。❶ 资本一方面要力求摧毁交往即交换的一切地方限制,征服整个地球作为它的市场。❷ 因此,资本在全球范围内的流动使得全球化成为历史发展的必然趋势。另一方面,资本表现为生产全球化。马克思在《德意志意识形态》中明确提出,各民族的原始封闭状态由于日益完善的生产方式、交往以及因交往而自然形成的不同民族之间的分工消灭得越是彻底,历史也就越是成为世界历史。❸ 目前,随着跨国公司的不断崛起,劳动力在国际市场的不断扩大以及国际交流的日益频繁,生产的社会化在国际范围不断延伸,历史和现实都充分表明封闭、孤立、隔绝总是和落后的生产力相联系,而开放、交往、合作总是和先进的生产力在一起。此外,全球化还表现为信息的全球化。随着互联网和信息科技的飞速发展,信息的自由流动加快,呈现出跨区域跨国界的重要趋势,使得某个场所发生的事情与遥远地方的事情相互制约和关联,充分说明了全球化是人类社会发展的必然。

---

❶ 马克思恩格斯文集:第八卷 [M]. 北京:人民出版社,2009:88.
❷ 马克思恩格斯文集:第八卷 [M]. 北京:人民出版社,2009:169.
❸ 马克思恩格斯选集:第一卷 [M]. 北京:人民出版社,2012:168.

其次,"人类命运共同体"符合世界发展大势。按照马克思主义理论,人的本质属性是社会属性,人是一切社会关系的总和,人们生活在社会有机体中。正如马克思在《德意志意识形态》中指出:"只有在共同体中,个人才能获得全面发展其才能的手段,也就是说,只有在共同体中才可能有个人自由。"❶再来看西方和东方传统文化中对于美好未来社会的想象,在古希腊时期有柏拉图所想象的"理想国"、闵采尔想到的"千年王国"、马布利想象中的"完美共和国"。再来看东方社会,孔子的大同思想、太平天国的《天朝田亩制度》、孙中山的"天下为公"等,都是倡导以生产资料公有制为美好目标的人类社会发展形态,强调在这样一个共同体中每一个人获得自由而全面的发展。因此"人类命运共同体"是人类社会发展的必然趋势。

2."人类命运共同体"深刻把握了历史发展规律

在新时代背景下,在纷繁复杂的国际形势下,习近平总书记强调:"当今世界,人类生活在不同文化、种族、肤色、宗教和不同社会制度所组成的世界里,各国人民形成了你中有我、我中有你的命运共同体。"❷2017年他在联合国日内瓦总部发表演讲时明确指出,"让和平的薪火代代相传,让发展的动力源源不断,让文明的光芒熠熠生辉,是各国人民的期待,也是我们这一代政治家应有的担当。中国方案是:构建人类命运共同体,实现共赢共享"。❸"人类命运共同体"思想是深刻把握历史发展规律的科学理念。

人类命运相互依存是世界发展的客观规律。人类共处同一个地球,共享同一片蓝天,不论种族、不论国籍、不论区域,人类同呼吸共命运是客观规律。在和平、发展、合作、共赢的时代潮流下,各国紧密联系,人类命运相互依存。当今世界,还有很多国家依然在发展的道路上

---

❶ 马克思恩格斯选集:第一卷[M].北京:人民出版社,2012:199.
❷ 习近平谈治国理政:第一卷[M].北京:外文出版社,2014:261.
❸ 习近平谈治国理政:第二卷[M].北京:外文出版社,2017:539.

探索，全球还有 7 亿多人口处于极端贫困的状况，霸权主义、强权政治依然存在，保护主义、单边主义不断抬头，战乱恐袭、饥荒疫情此起彼伏，传统安全和非传统安全问题复杂交织。治理赤字、信任赤字、和平赤字、发展赤字，成为摆在全人类面前的严峻挑战。习近平总书记指出："没有哪个国家能够独自应对人类面临的各种挑战，也没有哪个国家能够退回到自我封闭的孤岛。"❶

各国政治、经济、文化相互交融是世界文明发展的必然规律。随着生产、经济的发展，科学技术的进步和信息时代的到来，全世界的 200 多个国家和地区、70 多亿人口、2500 多个民族在经济、政治等领域不可避免地会有合作与交流，世界人民的 5000 多种语言更呈现出了美丽的文明多样性，出于向善、向美的追求，不同文明间的交流互鉴和共同发展是人心所向，也是人类文明发展的大势。

3. "人类命运共同体"理念契合了人类社会的共同价值

"人类命运共同体"理念包含如下重要的价值特性：一是强烈的生活气息和现实导向。即从社会生活实践出发，强调家庭和谐，强调与人为善，强调合作与分工，强调实事求是，既源于生活也要服务于生活。二是强调生产资料公有，强调社会公正。即劳动者共同所有、占有、支配和使用生产资料，推崇社会公正、社会平等、社会成员共同富裕等价值理念。三是强调以人民为中心。以全人类的解放和全面自由发展为宗旨，强调国家是人民的，人民要当家做主，国家的利益与人民的利益是一致的。习近平总书记指出，"以人民为中心的发展思想，不是一个抽象的、玄奥的概念，不能只停留在口头上、止步于思想环节，而要体现在经济社会发展各个环节"。❷ 这一思想强调人拥有更大程度、更广泛的权利，体现出以人民为中心的价值导向，这与世界人民的需要是高度

---

❶ 中共中央宣传部. 习近平新时代中国特色社会主义思想学习纲要［M］. 北京：学习出版社，人民出版社，2019：209.

❷ 习近平谈治国理政：第二卷［M］. 北京：外文出版社，2017：213-214.

契合的。四是对于人的社会性的强调。"人类命运共同体"理念认为人的本质是社会关系的总和，要关注人与自然、人与人、人与社会、人与世界的关系，强调人要履行社会义务。

二、"美国优先"是美国建国之初宗教植入的文明优越论

1. "美国优先"源于清教徒们的上帝选民观

追溯"美国优先"理念的源头要从 16 世纪欧洲的加尔文宗教改革运动说起。加尔文主义的核心是以路德的因信称义为基础，结合保罗和奥古斯丁的预定论演变而来，发展出著名的加尔文先定论（Calvin's Predestination）。加尔文认为所有的人都是有罪的，上帝以其至高无上的地位对人们进行拣选，被选中的人就是上帝的选民，可以得到救赎。信徒们要做的就是以坚持不懈的精神荣耀上帝，从而证明自己是上帝的选民，体现出道德的高尚、事业的成功，以及自信创新和开拓的精神等。伴随着加尔文主义的传播和影响，在英国逐渐形成了一批清教徒。由于对英国的国教教义有所不满，这批清教徒决定远赴大洋彼岸，建立一个自由的宗教圣地。17 世纪初，这些为了躲避宗教迫害的清教徒们踏上北美大陆，成为最早的移民者。这些清教徒们认为自己是上帝的选民，肩负着上帝的使命来到这里。他们的领袖约翰·温思洛普在向他们的同胞宣道时称，"我们将成为整个世界的山巅之城，全世界人民的眼睛都将看着我们，如果我们在实现这一事业的过程中欺骗了上帝，如果上帝不再像今天那样帮助我们，我们终将成为世人的笑柄"。❶ 他们乘坐着"五月花号"船经过 60 多天的远征来到美国。他们在船上签订《五月花号公约》（Mayflower Compact），其中最突出的就是上帝选民的强烈使命感和至高无上的优越感。他们在公约里写道："以上帝的名义，阿门。我们，下面的签名人，作为伟大的詹姆斯一世的忠顺臣民，为了

---

❶ 周琪. 意识形态与美国外交 [M]. 上海：上海人民出版社，2006：64.

给上帝增光，发扬基督教的信仰和我们祖国及君主的荣誉，特着手在弗吉尼亚北部这片新开拓的海岸建立第一个殖民地。我们在上帝的面前，彼此以庄严的面貌出现，现约定将我们全体组成一个公民政治体，以使我们能更好地生存下来并在我们之间创造良好的秩序。为了殖民地的公众利益，我们将根据这项契约颁布我们应当忠实遵守的公正平等的法律、法令和命令，并视需要而任命我们应当服从的行政官员。"❶ 从来到北美大陆的第一批人起，他们就以宗教的名义，深深植入了"美国优先"的价值理念，认为自己是上帝选民，要在全世界履行上帝的使命。

2. "美国优先"是自我封闭的文明优越论

综合美国建国的宗教源头、发展历史、经济地位和地缘政治，"美国优先"的价值理念深深扎根在美国人心中，其实质就是一种认为身为美国人优于其他种族、例外于其他国家的文明优越论。当下，这种"美国优先"的价值理念在以特朗普为代表的美国政府的一系列对外政策中表现得淋漓尽致。一是"只许自己发展，不许他人进步"的霸权心态。表现为将中俄列为竞争对手，称中俄为"修正主义国家"，想尽一切办法遏制中俄发展。如以维护国家安全为由，对在科技领域进步迅猛的中国企业进行攻击和封杀。二是以"美国优先"为标准进行外交活动。只要认为美国吃亏就开始"退群"，比如 2017 年 1 月退出跨太平洋伙伴关系协定（TPP），2017 年 6 月退出《巴黎协定》，2017 年 10 月退出联合国教科文组织，2018 年 5 月退出伊核协议。

3. "美国优先"的多重特性和本质

"美国优先"理念体现出如下价值特性：一是虚幻性和主客体的二元对立。"美国优先"理念源于宗教教义，而且在现实中宗教对美国文化的影响很大，以基督教为主的各教派在美国占八成以上，最常见的是美国流通的货币，无论是纸币还是硬币都有"信仰上帝"（in God we

---

❶ 布莱福特. 五月花号公约签订始末［M］. 王军伟，译. 上海：华东师范大学出版社，2006：28.

trust）的字样。因此，对上帝的信仰是美国人价值观的重要内容，体现出价值理念上的虚幻性和主客体二元对立。二是强权性、压迫性和异化性。由于美国社会存在着生产社会化和生产资料私人占有之间的矛盾，不可避免地会出现资本家、工人阶级/奴隶阶层之间的对立和矛盾的不可调和，所以社会两极分化日益严重，社会问题频出。而统治阶层只考虑本阶级的利益，就必然会出现强权和压迫，使得社会出现很多异化现象。三是自我性和封闭性。在个人主义思想的主导下，由于怀有强大的优越感，主动地将自我与他我隔绝开来，呈现出价值取向上的以自我为中心和排外倾向，表现为交往方面的自我性和封闭性。

三、"人类命运共同体"与"美国优先"在价值理念上的本质区别

1. "人类命运共同体"与"美国优先"的哲学基础不同

"人类命运共同体"思想的哲学基础有两个：一是中国古代儒家的"大同"思想，如《论语》中有"不患寡而患不均"，《大学》中有"身修而后家齐，家齐而后国治，国治而后天下平"，北宋张载有"为天地立心，为生民立命，为往圣继绝学，为万世开太平"的豪情壮志等。与"人类命运共同体"相关的哲学思想包括道德理想高于物质利益的道德观，强调人与自然、人与人、人与社会的和谐共生的天人观，强调和而不同、兼济天下的世界观等。二是马克思主义哲学。一方面是关于人的本质的论述，从实践出发提出"人是类存在物"，指出人是一切社会关系的总和；另一方面是关于社会有机体和共同体的论述。马克思指出社会不是个体之间机械地组合或叠加，而是一切关系同时存在且相互依存的活的有机体。马克思从阶级关系上对社会组织形式进行了划分，指出不代表全体成员利益的群体是"虚幻的集体""不真实的集

体""不仅是完全虚幻的共同体,而且是新的桎梏"。❶ 马克思还明确提出了共同体的概念即所谓"真实的集体",只有在这个集体中"个人才能获得全面发展其才能的手段,也就是说,只有在共同体中才可能有个人自由"。❷

"美国优先"的哲学基础之一是"超验主义"。美国1776年才正式成为一个独立的国家,其在思想文化方面受英、法、德等欧洲国家的影响很大。其中兴起于19世纪30年代的新英格兰地区的"超验主义运动"对美国社会思潮产生了重要影响,其代表人是拉尔夫·沃尔多·爱默生。"超验主义"认为存在一种精神实体超越精神和科学,并且个人能够通过直觉把握。这种思想使得超验主义者蔑视权威和传统,认为自己可以认识和改造世界,正如爱默生的名言"相信你自己"。在这一思想基础上,亚历西斯·托克维尔于1831年提出美国例外论(American Exceptionalism),他认为美利坚合众国是个独特的国家,与其他国家完全不同。另一个哲学基础是19世纪70年代在美国兴起的实用主义哲学,代表人物有杜威、皮尔斯和詹姆斯等人。该哲学理念强调实际效果,关注直接的利益和效用,认为利益和有用性是判断事物的标准,即有用是真理,无用是谬误。正如托克维尔在《论美国的民主》一书中指出的"美国人是一个讲究实际的民族,不大善于思考。他们凡事考虑眼前的利益,而不大追求长远的利益。他们所重视的,是够得到、摸得着、切实存在并能用金钱估价的东西"。因此,在实用主义哲学基础上,"美国优先"成为他们处事和外交的重要标准。

2. "人类命运共同体"与"美国优先"的根本路径不同

"人类命运共同体"思想是我国在外交方面和处理同全球大国关系时提出的中国方案,也是我国实现民族伟大复兴中国梦的重要路径。习近平总书记明确指出"我们不'输入'外国模式,也不'输出'中国

---

❶❷ 马克思恩格斯选集:第一卷[M]. 北京:人民出版社,2012:199.

模式，不会要求别国'复制'中国的做法"。❶ 习近平总书记还强调中国愿同世界各国分享发展经验，但不会干涉他国内政，不会输出社会制度和发展模式，更不会强加于人。❷ 该理念明确指出各国都要走自己的路，在坚定自己道路的基础上通过共享合作、互利互惠实现共赢。对于全球问题，要以开放的、负责任的态度积极面对，共商共建，共同分享发展的成果。近年来，中国在世界减贫、世界经济增长、世界贸易增长、对外援助、国际救援以及维护世界和平方面都发挥了巨大的作用，以一个负责任的大国形象立于世界。

相比之下，特朗普从上任起就一直高喊"美国优先"和让美国迎来"再次伟大"的美国梦。他所选择的道路是与中国完全不同的唯我独尊和对他国进行遏制的道路，他想以此保证美国的霸权地位，保证自己连任总统之位。追溯其历史，美国的全球战略可以总结为武力入侵、高压钳制和价值输出。武力入侵表现为美国建国伊始对印第安人的屠杀和掠夺、1950年的朝鲜战争、1955年的越南战争、1990年的海湾战争、1993年的索马里战争、1999年的科索沃战争、2001年的阿富汗战争、2003年的伊拉克战争、2011年的利比亚战争和2013年的叙利亚战争等。高压钳制表现为主导和控制国际秩序，包括美国建立的布雷顿森林体系，组建以美国为中心的北约等军事同盟组织，从自己的理念出发和基于本国利益制定全球贸易协定，对中、俄经济政治发展进行遏制等。价值输出表现为对制度和意识形态与美国不同的国家进行西化，以民主、自由为幌子意欲推行"颜色革命"，进行和平演变，进行价值理念的移植和附加。

3. "人类命运共同体"与"美国优先"的价值取向不同

"人类命运共同体"思想的源头之一中国古代儒家思想就强调道德

---

❶ 习近平. 携手建设更加美好的世界：在中国共产党与世界政党高层对话会上的主旨讲话［M］. 北京：人民出版社，2017：8.
❷ 习近平谈治国理政：第二卷［M］. 北京：外文出版社，2017：514.

的至高性,即"大同"要通过人与人之间的互相信任和生产资料的共享来实现。习近平总书记谈道,"中国开展对发展中国家的合作,将坚持正确义利观,不搞我赢你输、我多你少,在一些具体项目上将照顾对方利益。中国说到的话、承诺的事,一定会做到、一定会兑现"。❶ 因此,"人类命运共同体"思想包含的是以崇高的道德标准共同面对国际问题,共同分享发展成果,共同维护国际公平正义,共同实现国际和平的大国责任和大国担当。

相比之下,在"美国优先"价值取向下,以特朗普为代表的美国政府言而无信、反复无常。一方面是由特朗普主导的签署协议—退出协议的闹剧,营造出口无遮拦、狂妄自大的外交形象;另一方面是在中美贸易战中,对于双方达成的共识可以在10天后就公然违背,这些外交行为已经让美国政府贴上了"失信"的标签,为全世界所诟病。究其本质,是他们以"美国优先"为价值评判标准,而早已经忘掉了本杰明·富兰克林的名言"诚信是最好的政策"。

4."人类命运共同体"与"美国优先"的意识形态导向不同

马克思恩格斯指出任何一个阶级,为了达到自己的目的不得不把自己的利益说成是社会全体成员的共同利益,这在观念上的表达就是:赋予自己的思想以普遍性的形式,把它们描绘成唯一合乎理性的、有普遍意义的思想。❷"人类命运共同体"思想是代表无产阶级最广泛人民利益的、具有共产主义性质的社会主义理想,它所追求的是建立一个没有阶级制度、没有剥削、没有压迫,实现人类自我解放的社会。

而"美国优先"理念是建立在资本主义私有制基础上的资本主义理念。该理念的本质就是不顾民众呼声,盘算如何实现自身利益最大化。正如马克斯·韦伯在《新教伦理与资本主义精神》中论述的"这

---

❶ 习近平. 守望相助,共创中蒙关系发展新时代——在蒙古国国家大呼拉尔的演讲[N]. 人民日报,2014-8-23(2).
❷ 马克思恩格斯选集:第一卷[M]. 北京:人民出版社,2012:180.

种伦理所宣扬的至善——尽可能地多挣钱,是和那种严格避免任凭本能冲动享受生活结合在一起的,因而首先就是完全没有幸福主义的(更不必说享乐主义的)成分掺在其中。这种至善被如此单纯地认为是目的本身,以致从对于个人的幸福或功利的角度来看,它显得是完全先验的和绝对非理性的"。❶ 因此,资本主义精神就是对利益的追求,两种理念的意识形态导向是根本不同的。

四、从价值取向看我国处理中美关系的应对策略

1. 坚持"人类命运共同体"思想　壮大国际阵营

通过上述对两种理念的历史沿革和本质的分析,可以深刻认识到"人类命运共同体"思想是根源于中华文明的、符合社会历史发展规律的、契合全人类共同价值的、具有国际道义优势的新型文明观。我们一定要顺应历史潮流和时代需要,坚持"人类命运共同体"思想,不断提升该理念的国际话语权,让世界人民深刻认识这一思想的科学性、道义性和人文性,让真理为全世界更多的人所掌握,以全球眼光和战略视野,共同推进人类文明的发展。

2. 坚守共同价值　树立国际形象

"人类命运共同体"思想蕴含着和平、发展、公平、正义、民主、自由等全人类的共同价值追求,这些"共同价值"能够引领全世界朝着和谐有序的方向发展。中国作为世界文明中具有悠久历史的大国,要坚守这些共同价值,树立大国形象,面对西方新型发达国家的挑战和冲击,要能够坚定方向、站稳立场,始终以世界人民的共同价值作为判断标准,共同推进人类文明的繁荣。

3. 秉持"亲、诚、惠、容"履行国际使命

2013 年 10 月 24 日,习近平总书记在周边外交工作座谈会上发表重

---

❶ 马克斯·韦伯. 新教伦理与资本主义精神 [M]. 于晓,陈维纲,译. 北京:生活·读书·新知三联书店,1987:37.

要讲话,他指出我国周边外交的基本方针,就是坚持与邻为善、以邻为伴,坚持睦邻、安邻、富邻,突出体现"亲、诚、惠、容"的理念。发展同周边国家睦邻友好关系是我国周边外交的一贯方针。要坚持睦邻友好,守望相助,多走动;多做得人心、暖人心的事,增强亲和力、感召力、影响力。因此,在中美贸易摩擦的大背景下,一方面要秉持"亲、诚、惠、容"理念,搞好与其他国家的外交关系,另一方面要以全球化的视野和眼光坚持中美合作,在站稳自身立场的基础上,求和合,共繁荣。

第四节 中国梦与美国梦的比较

中美大学生对于中国梦和美国梦的理解是中美学生核心价值观的集中体现,本书对这一问题也展开了深入的研究。

美国梦,作为美国精神的核心,为全世界人所熟知。它是美国人日常生活中的常见主题,是美国人描述理想社会的专属名词,是美国人追求美好社会的信仰,也是美国作为世界大国的形象象征。中国梦,从内涵来看,它扎根在中华民族几千年发展的历史文化中,潜藏在每一个奋进的中国人心中;而从字面上来看,它源于习近平总书记2012年参观国家博物馆"复兴之路"展览时的讲话——"现在,大家都在讨论中国梦,我以为,实现中华民族伟大复兴,就是中华民族近代以来最伟大的梦想。"[1]"中国梦"成为新时代中国特色社会主义理论的重要思想之一。

根据中共中央、国务院印发并实施的《中长期青年发展规划(2016—2025年)》,未来10年,是实现"两个一百年"奋斗目标、实

---

[1] 习近平关于青少年和共青团工作论述摘编[M].北京:中央文献出版社,2017:13.

现中华民族伟大复兴中国梦的关键时期,需要青年一代充分发挥作用,在改革发展稳定第一线建功立业、接续奋斗。青年对于国家梦的实现起着至关重要的作用。本书以民族志(Ethnography)研究法为手段,即笔者以参与者的身份进入群体中(两国大学生青年群体),通过仔细观察和切身体验,了解群体的真实想法,分析其背后的原因,从而研究包括价值观、信仰等比较抽象的文化现象。以斯宾德勒价值观调查模型为技术,笔者于2016年7月至9月在北京地区走进中国人民大学、中央财经大学、北京交通大学、北京工商大学、中国青年政治学院等10多所高校,针对本科生共发放纸质问卷200份,并在调查过程中与学生进行交谈,回收有效问卷167份。后于2017年10月至2018年3月,笔者在美国休斯敦大学通过Survey Monkey(在线调查平台),发放问卷200份,回收有效数据130份,同时走进图书馆和课堂与学生进行相关问题的对话。调查问题包括斯宾德勒价值观测评技术包含的25个问题以及对"你所理解的中国梦/美国梦"和"谈谈你的中国梦/美国梦"这两个问题的叙述。调查结束后,将所有问卷的英文数据录入Nvivo软件进行分析,以相关理论素材和现实情况为依据,对青年视角下中国梦与美国梦进行比较,对以下几个问题展开了思考。

一、中国梦与美国梦的内涵

(一)中国梦:千年文明传承的家国情怀

在中国灿烂悠久的五千年文明史中,梦想并不是一个陌生的词汇。

首先,我们有着丰富的"梦资本"。在人类文明发展史上,中华文明是唯一一个最古老的、未曾中断的文明。尤其是在汉唐两代的鼎盛时期,国家统一、经济繁荣、文化昌明、声威远播,"唐人""唐人街"等成为举世瞩目的中国标志。在科学技术领域,中国人发明的造纸术、指南针、火药和印刷术对全世界产生了重大的影响。在文化交流方面,

"丝绸之路"最早敲开了中西文化交流的大门。从土地资源上看，我们有着960万平方公里的陆地面积和丰富的自然资源，其中水能资源世界第一，矿产丰富、品种齐全，野生动物和植被丰富。

其次，中国人民古往今来都有着强烈的梦想情愫。诸葛亮有"志当存高远"的胸怀；曹操有"老骥伏枥，志在千里；烈士暮年，壮心不已"的抱负；曹植有"丈夫志四海，万里犹比邻"的遐思；屈原有"路漫漫其修远兮，吾将上下而求索"的信念。在这其中，"家国情怀"是中国人民梦想的核心内容。它最初起源于士大夫阶层的人文信仰，后经儒家思想的传播得以巩固，它教导人们要忠君爱国、孝老爱亲，正如《孟子》有言"天下之本在国，国之本在家，家之本在身"。西汉戴圣《大学》中也有"身修而后家齐，家齐而后国治，国治而后天下平"。

最后，近代以来中国发展的曲折历史使得中国梦在人民心中更为深刻。随着清末统治阶级的腐朽、帝国主义的入侵，内忧外患之下，中国日益没落、发展停滞、民不聊生。在西方资本主义蓬勃发展、工业革命大步前进之时，中国故步自封，曾经的"中国梦"在100多年的屈辱史中消散。然而这"屈辱"却在自强的中国人心中埋下了"复兴的种子"。随着这"种子"的破土而出，一群进步的青年开始重新"寻梦"。在一片阴霾中，他们艰难地尝试各种突围方案，如魏源的《海国图志》❶，洪秀全的《天朝田亩制度》，梁启超的《新中国未来记》❷，孙中山的《建国方略》❸，无论是"从外而内"还是"自上而下"，结果都以失败告终，但是这每一次失败却用经验和教训导向正确的道路。后来，中国共产党这批逐梦者的中坚力量形成，确立了马克思主义的科学指南，有了自己的行动纲领，在长期的浴血奋战后，终于在1949年树

---

❶ 魏源. 海国图志 [M]. 北京：文物出版社，2017.
❷ 梁启超. 戊戌前后的痛与梦：新中国未来记 [M]. 桂林：广西师范大学出版社，2008.
❸ 孙中山. 建国方略 [M]. 北京：中国长安出版社，2011.

立起了中华人民共和国的旗帜，新的梦想从这里开始生根。中华儿女在中国共产党的坚强领导下，在中国特色社会主义的道路上，重新开启了追梦的征程。1978年党的十一届三中全会和改革开放给这个梦想增添了更加夺目的颜色。久久关闭的国门逐渐打开，机会不断涌入，仿佛万物复苏，只要努力就可以实现梦想。人们逐渐走向小康，中国在世界之林也慢慢屹立。在习近平总书记开启的新时代背景下，人们开始高呼"中国梦"。

针对200名中国学生收集的167个有效数据，笔者结合Nvivo软件的词频进行了分析，如表4-1所示。

表4-1 中国学生关于"就你的理解，中国梦是什么"这一问题的回答的结果分析

关键词	词语长度（英文字母）	数量	所占比例（%）	相似词
繁荣	10	69	8.05	prosperity, prosperous
人民	6	63	7.35	people
民族	6	52	6.07	community, countries, country, international, nation, national, nations
复兴	12	35	4.08	rejuvenation
中国人	7	31	3.62	Chinese
实现	7	32	3.00	gain, make, makes, making, realization, realize, realizes, realizing, understanding
发展	11	23	2.57	develop, developed, developing, development, modern, modernization, rise
幸福	9	21	2.45	happiness
社会	7	21	2.45	society
和谐	7	20	2.33	harmonious, harmony
生活	4	23	2.28	life, live, lives
文明	8	16	1.87	civility, civilization, civilized, culture, politics
民主	9	16	1.87	democracy

根据Nvivo软件做的词频分析，出现频数较高的词有"繁荣""国

家""复兴""中国人""发展""幸福""社会""文明""和谐""民主"等。从内涵上对学生的回答进行分类，有 75.88% 的学生心中的中国梦是国家富强与民族复兴。35.88% 的学生认为中国梦就是人们有更好的生活条件，能幸福地生活。因而结合学生们的回答，可以将中国梦分为"国家梦""社会梦"和"个人梦"三个层次。"国家梦"就是国家繁荣、民族复兴，"社会梦"就是社会文明与和谐，"个人梦"就是个人发展与生活幸福。这个现实调查结果充分凸显了"家国情怀"在中国人民心中的重要地位。正如习近平总书记指出的中国梦最核心的内涵就是实现民族复兴。从历史定位来看，实现中华民族伟大复兴是近代以来中华民族最伟大的梦想。❶ 从时空定位来看，中国梦是历史的、现实的，也是未来的。从主体定位来看，中国梦是中华民族的梦，也是每个中国人的梦。其最深沉的根基在中国人民心中。中国梦是我们这一代的，更是青年一代的❷，是海内外中华儿女的共同心愿❸。中国梦与世界各国人民的美好梦想息息相通。

（二）美国梦：个人主义的多维展开

相较"中国梦"而言，美国梦为世界所熟知，它是美国重要的标签之一，也是众多移民对美国趋之若鹜的重要动力。从历史的角度来看，美国只有 200 多年的发展历史。17 世纪初期，一群逃离宗教迫害的清教徒们成为踏上北美大陆的第一批移民。他们信奉加尔文主义，认为人是有罪的，上帝以其至高无上的地位对人们进行拣选，被选中的人就是上帝的选民，可以得到救赎。信徒们要做的就是以坚持不懈的精神荣耀上帝，证明自己是上帝的选民，从而体现出道德的高尚、事业的成功，以及自信、创新和开拓的精神等。对他们而言，美国象征着自由和

---

❶ 习近平谈治国理政：第三卷 [M]．北京：外文出版社，2020：11.
❷ 习近平谈治国理政：第三卷 [M]．北京：外文出版社，2020：54.
❸ 改革开放三十年重要文献选编：下 [M]．北京：人民出版社，2008：1262.

解放，他们作为上帝的选民要在这里履行上帝的使命，他们要把自由和民主传播给全世界。在这一大片具有丰富资源的土地上，蕴含着大量的财富和机会，他们可以做任何自己想做的事情，只要努力就可以实现理想。这是美国梦的源头。在这样一种美好愿望的引领下，抵达美国的这批移民们获得了独立革命的胜利，然后接着"寻梦"——西进运动、南北战争、工业革命。在对美国梦的追寻过程中，他们向往着财富、平等与成功。发展至今，美国已成为世界超级强国：经济总量第一、科技遥遥领先以及独占鳌头的美国文化。尽管当下美国出现了大量的经济、政治和社会问题，但美国梦作为美国精神的重要内容，一直引领着美国和美国人民。

从概念上看，"美国梦"最初由詹姆斯·T. 亚当斯于 1931 年在《美国史诗》中提出。他指出"美国梦"是"梦想在一个国度里，每个人的生活可以更美好、更富足、更充实，每个人根据他的能力与成就都有机会获得成功。这个梦对于欧洲上层社会而言难以进行充分的解释，而且对于我们而言，也对此感到厌倦和不信任。它不仅仅意味着有车和高工资，而且是关于社会秩序的梦，在这个社会里，每一个男人和女人，无论出生何处、处于什么样的地位，都能最充分地发挥他们的潜能，并且得到其他人的认可"（Adams，1931：214 - 215）。这段关于"美国梦"最早且最经典的论述，包含"更富有""更幸福"和"更成功"这三个层次。其具体内容包括从物质富足到精神充裕，从个人幸福到社会秩序，强调社会的流动性和机会的平等，指出每一个个体的人生价值等。亚当斯这一段对于"美国梦"的创新性表述在当时迅速传遍全美大地，取代了"美国特色""美国原则"等词语成为美国生活的重要标志。他指明的这条通向"美国梦"的道路仿佛让人们看到了一个充满希望的未来，也似乎要给全世界树立一个大国典范。

到 20 世纪 50 年代，美国著名牧师皮特·马沙尔指出，信仰上帝的宗教自由和人人平等的价值理念是美国梦的两个重要支撑（Peter Marshall, 1954：2）。1963 年非裔美国人民权运动领袖马丁·路德金发表著名演讲《我有一个梦想》指出，"尽管眼下困难重重，但我依然怀有一个梦。这个梦深深植根于美国梦之中。我梦想有一天，这个国家将会奋起，实现其立国信条的真谛：'我们认为这些真理不言而喻：人人生而平等。'我梦想有一天，在佐治亚州的红色山冈上，昔日奴隶的儿子能够同昔日奴隶主的儿子同席而坐，亲如手足。我梦想有一天，甚至连密西西比州——一个非正义和压迫的热浪逼人的荒漠之州，也会改造成为自由和公正的青青绿洲。我梦想有一天，孩子们将生活在一个不以皮肤的颜色，而是以品格的优劣作为评判标准的国家里"（King, M. L. 1963）。这是一段有关"美国梦"的最著名的演讲，也即强调美国梦中最重要的内容就是种族之间的平等、黑人与白人间的平等、富人和穷人间的平等。

进入 21 世纪，随着信息化时代的到来，美国企业界涌现出的比尔·盖茨、乔布斯、扎克伯格等人成为新时代"美国梦"的最新诠释。根据美国《纽约时报》报道，美国梦发展至今，其内容更多地指向财富、商业和房产（Robert J. Shiller, 2017）。2003 年 12 月美国总统布什签署的著名《美国梦首付款法案》（*American Dream Downpayment Initiative*）的封面上，布什赫然地宣称"今天我们要带领成千上万的美国人靠近拥有一个房子的伟大梦想。美国梦首付款法案将帮助美国家庭实现梦想，让我们的家园和整个民族更加强大"（George W. Bush, 2003）。该法案为中低收入家庭提供首付款资助，甚至将首付款降低为零，以此刺激美国的房市和国民经济，而这一法案也成了美国 2008 年经济危机的直接导火索。美国总统特朗普在 2017 年的就职演说中把 8 月份的第一个星期定为"The American Dream Week"（美国梦周）并且公开宣称在他的领导下"美国梦回来了"。美国著名杂志《福布斯》最近公布的"美国梦指数"（American Dream Index）旨在衡量特朗普领导下的美国是否让美国梦更加强大，其衡量的 7 大指标有破产、建筑许可、企业家精神、产品生产性就业、劳动参与率、裁员和失业索赔，这些对当今美国看来司空见惯的衡量指标都是基于物质财富的基础之上，与最早的美国梦精神已相去甚远（Robert J. Shiller, 2017）。

笔者对200名美国学生的调查以及收集到的130个有效数据进行整理分析，得出结果，见图4-1。

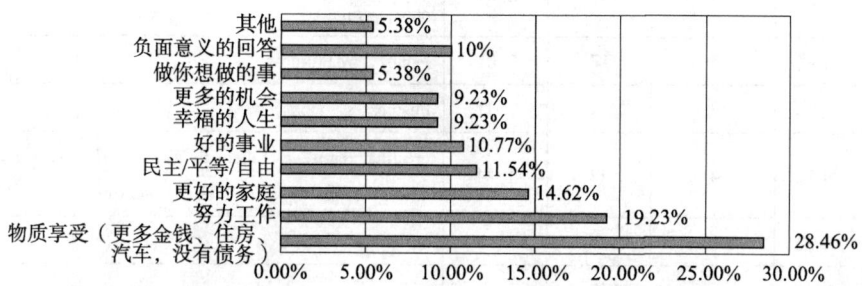

图4-1 美国学生对"描述你所理解的美国梦"这一问题的回答分类

根据美国学生的回答，从内涵进行分类，他们所理解的美国梦有如下几方面内容：第一，美国梦意味着更多的物质财富，包括更多的金钱、更大的房子、汽车等。第二，美国梦意味着勤奋努力，得到一份满意的工作，有更多的机会能够获得成功，实现理想。第三，美国梦意味着美满的家庭，幸福如意的人生。第四，美国梦意味着精神层面上实现自由、民主和平等。

根据Nvivo软件做的词频分析，见表4-2。

表4-2 美国学生对"描述你所理解的美国梦"
这一问题的回答的结果分析

词语	词语长度（英文字母）	数量	比例（%）	相似词
生活	4~6	64	7.49	life, live, living, beings, exist, going, keep, support, survive
家庭	6	30	4.62	class, family, home, house

续表

词语	词语长度（英文字母）	数量	比例（%）	相似词
成功	10	23	3.14	achieve, achieving, succeeding, success, successful
好	4	20	2.89	full, good, healthy, honor, just, right, secure, skills
金钱	5	17	2.81	money, wealthiness
工作	3	14	2.31	businesses, job, jobs
实现	4	22	1.74	creating, earn, established, give, hold, make, makes, prepare, reach, work, working
幸福	9	9	1.49	happiness, happy
支付	3	10	1.41	earn, give, paid, pay, pays, salary, wage
教育	9	8	1.21	education, prepare, school, schools
机会	11	7	1.05	chance, opportunity

由表4-2可以看出，美国青年学生所理解的美国梦中，生活、家庭、成功、好、金钱、工作等是重要的内容。因此，根据笔者的分析和调查，美国梦可以概括为：个人更多的物质财富、更幸福的生活和更成功的人生。

二、中国梦与美国梦比较的几点思考

基于以上对历史、理论和现实的分析，笔者对如下三个问题展开了思考。

（一）中国自信与美国自信的差异

分析国家梦，出发点就是人民对国家的看法。中华民族有五千年的悠久历史，有四大发明，有鼎盛的汉唐时期，有着丰硕的古代文明和文化遗产。从当今现实来看，中国改革开放实现了经济腾飞，国际地位和话语权明显提升，人民对中国崛起的信心日益增强。从社会心态而言，由于中国近代一百多年的屈辱史造成的中国经济和思想的停滞，"中国自信"伴随着历史发展呈现出一个从高到低又逐渐回复的曲线。因此，虽然中国青年的民族自信不断增强，但还并未被完全激发出来，甚至有一部分人仍处于不自信和怀疑的态度。

就美国而言，"美国自信"是美国人的象征，他们为身为美国人而感到骄傲与自豪，有一种天然的优越感。"美国自信"主要由以下几方面因素促成：一是清教徒的教义和基督教文化。究其文化根源，美国人认为自己是上帝选民，是独一无二的。他们要来履行上帝的使命，他们要通过辛勤的工作来荣耀上帝，要把自由和民主传播给全世界。他们高喊"我们将成为整个世界的山巅之城"❶。二是独特的地缘政治。美利坚合众国是由1个联邦直辖特区和50个州组成的宪政联邦共和制国家。其地处北美洲，东濒大西洋，西临太平洋，北靠加拿大，南接墨西哥。该地理位置与欧亚大陆板块远隔万里重洋，是整个美洲名副其实的超级大国，处于实际的霸权地位。整个美洲大陆没有任何国家能与之匹敌。三是经济的飞速崛起。在短短200多年中，美国通过重工业的强国策略，利用欧亚板块的矛盾，抓住机遇大力发展，拥有了庞大的经济体量、民主的政治体制、不断创新的科技、优秀的教育资源和理念以及雄霸全球的文化产业。由此，美国人的社会心态就是一种强大的民族自信和民族荣誉感。

在此基础之上，我们再来分析中美两国青年学生对中国梦与美国梦的论述。根据笔者的调查和访谈，中国学生理解的中国梦首先是国家的强盛，"繁荣"（prosperity）、"复兴"（rejuvenation）、"发展"（development）、"民族"（nation）这些词占有较大的比例。相比之下，很少有美国学生提到这些。从社会心态的角度来看，由于一些中国学生仍处于

---

❶ 周琪. 意识形态与美国外交 [M]. 上海：上海人民出版社，2006：64.

中国自信的恢复阶段，呈现出一种自信心不足、左右摇摆、"外国月亮比中国圆"的心理。而对于美国学生而言，国家的强盛是不争的事实，他们所理解的国家梦，很少有人提及国家和社会，他们第一想到的就是个人的幸福与成功，所以"家庭"（family）、"成功"（successful）、"金钱"（money）、"机会"（opportunity）等词占有较大的比例。

在个人对国家梦的看法上，民族自信感是重要的内容。民族自信感与国家梦的实现程度呈正相关和互相促进的关系。国家梦实现的程度越大，人民的民族自信感越强；人民的民族自信感越强，越能推动国家梦的实现。民族自信不仅能够起到精神寄托、精神动力和精神支撑的作用，更重要的是它是左右价值观判断的重要因素。当我们树立了坚定的"中国自信"，无论你怎么描述国外的月亮，我们始终都相信中国的月亮有它的明亮之处，因而不会被轻易左右，从而能够坚定自己心中的"中国梦"。

虽然我国有着悠久的"中国梦"历史，但是正式提出来并把它作为新时代中国特色社会主义重要思想之一还只是近几年的事情。特别是我国的青年群体，作为国家的脊梁、未来和希望，我们应首先树立坚定的民族自信感，用坚定的信念和实际的行动为实现伟大的中国梦而奋斗。这一民族自信感的建立和强化要通过对我国历史的了解、对我国传统文化的学习来展开，也要通过教育的引导和舆论的熏陶。

（二）个人梦、国家梦与世界梦的关系

在对中国梦与美国梦进行比较的过程中，除了对民族自信的分析之外，另一个重要的问题就是两国不同社会体制下的价值体系。我国的价值体系是以集体主义为出发点，以马克思主义为指导思想，以富强、民主、文明、和谐，自由、平等、公正、法治，爱国、敬业、诚信、友善为主要内容的社会主义核心价值体系。而美国的价值体系是以个人主义为核心，以资本主义意识形态下的自由、民主、平等为主要内容的资本

主义价值体系。两者最大的区别就是后者从个人出发、前者从集体出发。具体到对国家梦的理解上，就是如何处理个人梦与国家梦的关系。

根据笔者对中美大学生所做的价值观调研中关于"个人是什么"这一问题的回答，整理出结果见表4-3。

表4-3 关于问题回答高频词汇对比

关于问题 "The individual is"（"个人是……"）的回答高频词汇	
中国青年学生	属于集体的、社会的、国家的，一部分，微小的，独立的，细小的，孤独的
美国青年学生	独特的，重要的，伟大的，有力量的，自己的，好的，有智慧的，有责任的，中心，自由的

分析表4-3呈现出来的内容，我们发现，对于中国学生，一谈到"个人"，第一反应就是个人属于集体，个人是社会中的一部分，个人是渺小的、孤独的。而对于美国学生，一提到"个人"，他们脑海中呈现的就是每一个人都是特别的，个人是重要的、伟大的，个人是中心，个人是好的、是智慧的、是有责任的、是自由的。由此可以清晰地呈现出中国青年学生的集体主义倾向和美国青年学生的个人主义倾向。

因此，中国学生关于国家梦的回答更多的是从国家、社会的视角。而美国学生关于国家梦的回答则主要是从个人的视角。笔者在调查过程中还就"谈谈你的中国梦/美国梦"收集了中美大学生的回答。

"谈谈你的中国梦/美国梦"这一问题是探究两国青年在国家梦视野下的个人梦。根据中国学生的回答，"生活"这个词的比重最大，可以看出青年学生们是希望能够生活得更好。此外"繁荣""和谐""发展""幸福""文明""家庭""学习""富有""爱"等词也占有重要的比重。

在美国学生的回答中，"家庭"这个关键词所占的比重最大，美国的青年学生希望有一个幸福美满的家,每一个家人都健康快乐。此外,"幸福""成功""金钱""房子""教育""事业"等词也占有比较大的比重。这些词都反映出了青年学生在个人梦想方面的价值倾向。

相较而言,两国学生所理解的国家梦和他们的个人梦有较大的一致性。从调查结果可以看出,无论是对中国而言,还是对美国而言,国家梦与个人梦都是统一的。但是二者的路径有一定的区别:中国梦是从国家到个人,强调国家的命运和个人息息相关,国家的梦想最终是落脚于个人。美国梦是个人的梦想,从个人出发,落脚于个人,在无数人个体梦想实现的过程中推动国家的发展,推动国家梦的实现。

此外,伴随着全球化浪潮的席卷,各国日益相互依存、命运与共,越来越融合为你中有我、我中有你的命运共同体。党的十九大报告强调,"没有哪个国家能够独自应对人类面临的各种挑战,也没有哪个国家能够退回到自我封闭的孤岛"。个人梦、国家梦与世界梦紧紧相连。对于"世界梦"的看法,两国青年学生呈现出了一些不同的态度。中国青年学生对于世界呈现更加开放的态度,他们更加关注世界的发展,愿意走出世界。在谈及中国梦时,多位中国学生提到想周游世界,希望世界和平,希望中国有更高的国际地位、更多的话语权。而美国学生在谈及美国梦时几乎没有关于世界的回答。

美国总统特朗普在2016年6月总统竞选演说上明确指出"是全球化让美国近百万工人一无所得,只剩下贫穷和头痛"(TIME STAFF, 2016)。根据《哈佛商业评论》《华尔街日报》《纽约时报》《华盛顿邮报》《泰晤士报》《卫报》这些英美国家重要的报纸中有关全球化的报道,对英美民众有关全球化的"偏好度"数据进行整理分析(见图4-2),结果显示出美国民众对全球化呈现出越来越多的消极情绪。

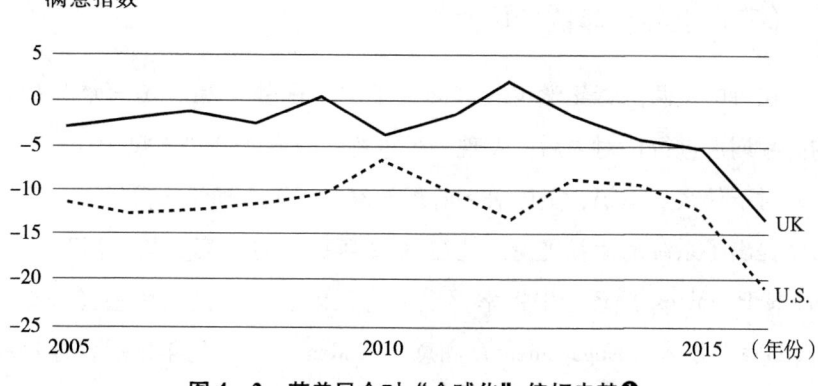

图 4-2　英美民众对"全球化"偏好走势❶

相比之下，近年来中国政府顺应世界发展大势，率先提出"人类命运共同体"思想，主张"各美其美，美人之美，美美与共，天下大同"的价值理念。大力推行"一带一路"建设，把中国与世界各国利益结合起来，以互惠、共担、共享为目标，在民族、国家基础之上打造一个美丽的"世界梦"。正如习近平总书记所说，"中国梦要实现国家富强、民族复兴、人民幸福，是和平、发展、合作、共赢的梦，与包括美国梦在内的世界各国人民的美好梦想相通"。❷

根据辩证唯物主义历史观中"合力"是推动历史进步的观点，世界文明多样性的融合与发展是历史发展的必然趋势，多元文化的融合是推动历史发展的重要动力。在世界范围内，各个民族、国家通过交往，一方面发展自己的文明，另一方面也促进了世界的文明。同样，在世界范围内，个人梦与国家梦的实现不能无视世界发展的大环境，只有实现了个人梦、国家梦与世界梦的高度统一，才是顺应历史发展规律，才能够真正实现文明进步。

---

❶ Pankaj Ghemawat. Globalization in the age of Trump [R]. Harvard Bissiness Report, 2017.
❷ 十八大以来重要文献选编：上 [M]. 北京：中央文献出版社，2014：305.

(三) 世界青年的价值共性

在对中美两国青年学生收集的关于"中国梦"和"美国梦"回答的高频词汇进行比对之后,发现一个重要的交集就是"幸福"。

对于什么是幸福,美国著名心理学家、积极心理学之父马丁·塞利格曼提出了系统的幸福理论。他在 2002 年提出的"真实的幸福"(Authentic Happiness) 理论中将幸福定义为三因素:积极的情感(Positive emotion)、投入(Engagement) 和意义(Meaning)。几年之后,他进一步扩充了他的幸福理论,认为幸福(Well–being) 包含五个因素:积极的情感(Positive emotion)、投入(Engagement)、良好的关系(Relationships)、意义和目标(Meaning and purpose)以及成就(Accomplishment) (Martin Seligman, 2012:12)。根据塞利格曼的观点,其中"积极的情感"是幸福的奠基石,它是指人们所感受到的愉悦、激动、温暖和舒适。"投入"是一种情感的体验,比如仿佛时间停止一般沉浸在音乐之中,忘我地投入一项活动当中。光有"快乐"和"投入"还不是真正的幸福,为了避免内心的空虚,人们会对着镜子反思,他们还想要追求人生的意义。所以"意义"是指要从事那些有益于家庭、社会、宗教、政党、环保等的事业。在这三点之外,人们还希望有更好的社会关系,希望获得成功,取得一些成就。由此,我们可以把幸福定义为以积极的情感投入热爱的事业中,它能让我们实现人生目标,建立良好关系,体现个人价值。

对于为什么幸福是世界青年的共有价值,塞利格曼提出正如每个人都有体重一样,每个人也有一个固定的幸福值(Martin Seligman, 2003:xii)。因此,幸福是每一个人的共性,只是有的人幸福值高,有的人幸福值低,而从每一个人的内心来看,都向往着更高的幸福值。此外,作为同在地球上的社会存在物,人之本性会衍生出人类的共同需求,因此必然存在着价值共识。在人对"知、情、意、行"的认知体系中,人作为社会关系的总和，有情感的需求，有体验的过程，有价值判断，有对目标的追寻。这些要素集中起来就是对幸福的追求，因此对幸福的追求是全世界每一个青年的价值共性。

青年大学生处在生理发展趋于平缓并走向成熟的阶段，在这个过程中，他们的生活空间逐渐扩大，思维意识逐渐形成，独立意识和自我意识日益强化，人生观、世界观和价值观逐步确立并且日益稳定。面对中美青年大学生这样一个特殊群体发出的对于"幸福"的共同呼声，我们有必要给予足够的重视。

美国著名教育人类学家乔治·斯宾德勒指出文化是一种对话。文化只有迁移至新生代才能保持其生命力。美国文化对话以多种形式而存在，它包括政治演说、编辑文稿、多媒体、广告，以及关于财富、权利、贫穷和其他争议问题的讨论等。学校是文化对话的重要场所，要特别关注文化在校园里的迁移、延续、不同样态、矛盾和适应（Spindler, G. & Spindler, L, 1990: 3）。美国梦作为美国文化的代表，它在当代美国大学生中的最新表达能够体现出美国文化的最新态势。同样，中国当代大学生对中国梦的阐释也能体现当今中国青年文化的新方向。中共中央、国务院印发的《中长期青年发展规划（2016—2025 年）》提出，要把青年的发展摆在党和国家工作全局中更加重要的战略位置。因此，从青年的视角来审视中美两国文化的差异，分析两国人民对于国家梦观念的差异，对我们有重要的启示意义。

从中国青年学生对中国梦的阐释可以看出，当代中国青年有着强烈的家国情怀和集体意识。同时，个体自我意识逐渐增强，对世界呈现开放的心态。相比之下，美国青年有着浓厚的个人主义精神，他们看重家庭、金钱等倾向务实的价值观，对国家有着强大的自豪感和自我优越感，因而对世界发展呈现出一定的冷淡态度。值得我们注意的是，对于幸福的追求是中美两国青年的价值共性。

"青年兴则国家兴，青年强则国家强。青年一代有理想、有本领、有担当，国家就有前途，民族就有希望。"❶ 我们要以立足世界的眼光去审思当代青年的最新价值动向，以人类发展的历史规律为依据，共同促进世界文明的发展。面对势不可挡的全球化趋势，当代青年要培养世界历史的眼光，将个人梦、国家梦和世界梦有机统一起来，以多元文化的融合为人类文明的发展贡献力量，为实现全人类幸福的世界梦共同奋斗。

第五节　美国价值观教育的历史发展

美国的价值观教育经历了一个产生和演化的过程，大体上可以概括为起源、淡化、复归和发展四个阶段。

（一）起源：源于殖民地学校教育

美国价值观教育的历史，最早可以追溯到1642年马萨诸塞湾殖民地的公立学校建设。可以说，价值观教育与美国教育是同时出现的。最初的公立学校的教育目标有两个方面：一是让人们更智慧，二是让人们更高尚。后者就隐含着价值观教育的内容。从美国殖民地时期到20世纪20年代以前，殖民学校建立的初衷是教育孩子阅读《圣经》，更好地学习礼仪和价值观。当时，主流宗教团体的价值观教育对美国青年品格的发展有很大的塑造作用。道德课程通过学校、家庭、社区和宗教机构完成。从19世纪30年代到20世纪初，以圣经故事和道德教育为主题的《麦高菲学生读本》家喻户晓，销售量高达1.2亿册，被美国上百万所学校的学生使用。当时的美国政府和教育部门也十分重视对公民从小进行以爱国为核心的公民教育，并且在美国宪法和相关法规中明确规

---

❶ 习近平谈治国理政：第三卷 [M]. 北京：外文出版社，2020：54.

定了公民必须具备的基本价值观。

（二）淡化：倡导"价值中立"原则

20世纪中后期以后，美国许多教育部门和学校开始大量减少价值观教育内容在课程和教材中的比重。其主要原因包括以下四点：第一，逻辑实证主义的影响。逻辑实证主义的研究者日益觉察到价值观教育与认识论之间的矛盾，开始质疑价值观教育的作用，并且认为在数学和自然科学领域，价值观教育会影响结果的客观性。尤其是在"美苏争霸"的历史背景下，美国日益觉察科学技术的重要性，对"科学""数学"和"外国语"等紧要学科的重视程度逐渐加强，而对价值观教育的重视程度开始降低。第二，以杜威为代表的进步主义教育运动的影响。杜威把达尔文的生物进化论引入社会学和教育学等领域，提出了一套进化论的教育观，认为没有固定不变的价值观，一切道德和价值都会随着社会发展而变化。所以，杜威把美国历史上的价值观教育看作已经过时的、无法满足社会需要的教育。第三，移民潮的影响。受移民潮影响，美国宪法为了保障信仰自由采取了限制价值观教育的举措。随着大量移民的涌入，美国人口变得更加多元化，人们开始反对公立学校进行的与他们信仰体系不符的价值观教育。根据美国宪法第一修正案，人们有宗教信仰自由，所以最高法院逐渐开始受理人们对于公立学校价值观教育抱怨的诉讼案。学校、政府为了避免争议，开始逐渐淡化和模糊价值观教育，即采取中立态度，不对学生灌输任何具体的价值观念。第四，"价值澄清"理论的影响。在20世纪60年代，出现了影响较大的"价值澄清"学派，"价值澄清"理论假设人们处于价值观相互冲突的社会中，这些价值观深刻影响着人们的身心发展，而现实社会中根本就不存在公认的道德原则或价值观。因而认为教师不能把价值观直接"灌输"给学生，而只能通过分析评价等方法，帮助学生形成适合自身的价值观体系，即学生要通过他人意见和自我分析来选择价值观。这一理论凸显了价值观形成的个体性。

（三）复归：在问题中反思

20世纪60年代以后，由于对价值观教育的忽略，各种各样的社会问题接踵而至。比如越来越多的家庭破裂，社会不公正现象越来越多，青少年沉迷金钱、暴力、吸毒、犯罪率升高。据有关数据显示：美国15~24岁的男性自杀率比加拿大高7倍，比日本高40倍，未成年人怀孕、生育、吸毒在世界上所占的比例也都是最高的。这一系列的社会问题使得政府、社会和个人开始重新思考价值观教育的意义。到了20世纪80年代中期，美国大量的社会组织开始主张在当地的学校恢复价值观教育。比如，在马里兰州的巴尔的摩市，教师和学校官员召集当地社区代表共同商讨在公立学校应该教授何种积极的价值观；密苏里州圣路易斯市的商业领导人开始注意到个人态度、责任感的养成对于好员工培养的重要性，并在学校教育中创建了一种学校—商务—社区的伙伴关系，以多元互动的教育模式提升个人品德。

（四）发展：确立"核心价值观"

1992年3月，美国的一些非政府组织，如监督与课程发展协会、普林斯顿项目组、约翰森基金会等，组织了一场关于如何进行价值观教育的会议。会议的目的是鼓励教育部门的领导重新重视价值观教育的作用。他们还建议成立一个专门的国家机构帮助学校和社区开展价值观教育活动。1992年7月，约瑟夫森道德学院召集了一些教育领域的专家及科罗拉多州亚斯本的青年组织负责人起草了一个有关价值观教育的声明——《亚斯本宣言》。该宣言指出"一个和谐社会的现在和未来需要具有高尚品格的友善的市民。人们不会自发地形成高尚的品德，因此我们需要付出大量的努力来帮助人们发展价值观以及作出道德选择。有效的品格教育要建立在民主社会的核心价值观的基础之上。这里的核心价值观尤其指尊重、责任、信任、友善、公平正义以及公民道德"。该宣言提出了确立核心价值观的要求,强调了核心价值观的重要意义。

1993年2月5日,美国品格教育协会正式成立,这是一个全国性的、非营利性的、非党派性质的组织,旨在对年轻人进行品格和公民道德的培育,意在构建一个更加和谐的社会。自此,美国的价值观教育开始进入正轨,理论研究日益丰富,实践探索方面也在不断地积累经验。美国确立核心价值观对本国产生的影响如下。

首先,从国家的角度。第一,核心价值观维护了国家的稳定。由于美国拥有大量移民,存在不同种族、不同文化等众多差异性元素,而且个人主义盛行使得美国公民的个体特性尤其突出,如果没有核心价值观的引领和统一,将很难保证国家的有序和稳定。核心价值观为社会的正常发展提供了合法性基础,使政府和法律权威获得了民众的认可,确保了政治秩序的稳定。它确保了和谐社会的正常秩序,限定了人们处理人与人、人与自然关系的方式,通过统领差异、建立秩序推动了社会发展。第二,核心价值观为美国社会勾画出美好的发展蓝图。核心价值观直观呈现了美国社会的理想状态,其中隐含的"美国梦"是每一个美国人的信念和力量,它以"梦"的形式将个人发展与国家发展统一起来,确定了国家发展的方向。第三,核心价值观为美国的社会发展制定了理论框架,成为美国经济与政治政策制定的直接依据,是推动美国经济、政治向前发展的精神动力。

其次,从个人的角度。第一,核心价值观为公民个体划定了价值底线。价值底线是指最基本的、不可逾越的行为界限。如果越来越多的人逾越这一界限,社会将崩溃。因此对于每一个个体来说,核心价值观划定的价值底线十分重要。它从认知、情感和行为三个层面进行规定,划定了约束行为的边界,让人们明确什么该做、什么不该做,有助于人们进行自我管理和自我约束。第二,核心价值观为公民个体提供了价值支撑。价值支撑是指能够对社会发展起到支持、辅助作用的意识形态体系。在这一点上，核心价值观具有重要的作用。它一方面告诉个体如何成为一个好公民，以及好公民需要具备哪些优秀的品质；另一方面，它所包含的认知、情感和行为要求，为人才培养提供了目标、方向和内容，有助于健全人格的养成。此外，核心价值观的建立及其优越性是可以给集体中的每一个个体带来荣耀与自信的，从而建立个体的文化自信。第三，核心价值观为公民个体提供了价值选择依据。在多元的、多变的社会环境中，核心价值观的确立给人们提供了判断是非的价值标杆。面对多元价值的挑战，面对新文化对传统文化体系的冲击，如果缺乏正确的价值标杆，社会很容易陷入混乱。核心价值观为人们指明了奋斗目标、远景规划，为处在复杂、多变社会中的社会成员提供了正确的价值选择依据。

第六节　美国核心价值观教育的主要渠道

从整体、宏观的视角来看，美国作为一个世界强国，它将核心价值观教育作为一种国际战略、治国方略来引领国家发展，树立国际形象。将政府、学校、社会、宗教和网络五个方面作为美国核心价值观教育的主要途径，构成了一个立体化的网络，共同推动美国核心价值观的教育。

（一）政府支持

在美国核心价值观教育过程中，政府承担了重要的工作，可以说坚定不移地宣传和践行核心价值观是美国的一项基本国策。政府不仅为核心价值观的宣传教育提供了重要的财政保障，而且在核心价值观的宣传工作方面也发挥了重要的作用。

1. 政府通过法律、政策等为核心价值观的宣传教育提供保障

首先，政府为美国核心价值观教育提供了重要的财政保障。美国政

府每年在核心价值观教育、宣传及输出等方面的支出远远超过军费的投入。其次，政府通过法律、政策及施政纲领等向社会大众宣扬核心价值观。从政策层面来看，各政府机构纷纷确立适合自己的核心价值观。如美国联邦检察官办公室规定的核心价值观包括平等正义、诚信正直、追求卓越、责任、合作、人权、公共安全等；前总统布什在任期中进一步扩大了政府对价值观教育的支持，1991年他指出："美国要按照自己的价值观和理想建立一种新的国际体系……使我们的理想不但能生根，而且能开花结果。"前总统克林顿在两届任期中，共组织了5次有关价值观教育的会议，并且主张将学生道德发展作为全国教育工作的重中之重。

2. 政府设立专门机构从事核心价值观的宣传教育工作

美国政府对于价值观的输出最早可以追溯到1999年10月克林顿当政时期设立的公共外交和公共事务国务次卿这一职位，次卿这一职位承担了公共外交宣传和政策制定等职能，主要目标是制定外交政策，在国际范围内提升美国形象。次卿主要分管的下属部门包括三个局和两个中心。其中三个局是教育与文化事务局、国际信息局、公共事务局，两个中心是战略反恐通信中心和"政策·计划·资源"办公室。仔细观察这些部门的具体职责，可以发现它们的许多工作都与核心价值观教育有关，尤其是教育与文化事务局。

教育与文化事务局的职能是在国际化与全球化的背景下，在学术、文化、体育和艺术等领域，以国际交流交换项目为载体，通过各种交流形式将本国的先进文化带出去，得到世界人民的接受与认可。据不完全统计，教育与文化事务局的国际交流项目已经在全世界输送出至少100万人。该部门又具体细分为6个办公室，包括学术交流项目办公室、市民交流办公室、英语语言课程办公室、全球教育项目办公室、国际游客办公室和政策与评估办公室。其中学术交流项目办公室的主要职责是负责博士研究生和其他高水平的国际性的学习和研究，此外还包括小部分的本科和硕士研究生阶段的学习。该办公室开发的交流活动包括富布莱特项目、埃德蒙·马斯基研究生奖学金计划、关键语言奖学金计划、全球本科生交换计划等。市民交流办公室则以推进本国和其他国家的公民获取和分享其专业知识和经验为目标。该办公室又另设四个司：负责推广艺术文化交流活动的文化活动司，资助外国人士进行考察、实习或研究的专业研究司，致力于国际体育外交的运动合作司，以及专注于青少年活动的青少年活动司。英语语言课程办公室以英语语言为载体，将英语语言的推广和学习视为一种国家行为，通过美式英语来传递核心价值观和美国文化，也通过世界各国人民对英语的熟知和运用提供更多的交流机会，从而更深入地了解美国及认同美国。全球教育项目办公室的主要服务人群是各级别的教师、学生及非学历专业人才，为他们提供专业的管理服务和多样化的交流平台。同时配备专员负责国际学生交流项目的咨询协调工作，与世界各地的学术机构建立合作关系；此外，该办公室还随时监测着国际留学生的人员流动情况和学习交流情况，既包括美国学生赴外留学，也包括外国学生在美留学。国际游客办公室，以收纳世界各地的专业人才和推进高端人士赴美访问为目标，以兼容并蓄的核心价值观为指导，吸收世界各地的先进思想为他们所用。他们推出的一个重要项目就是"国际访问者领袖计划"，该项目通过组织国际高端人士的短期访问与考察来增进相互了解与合作。政策与评估办公室主要负责本国和本部门工作，主要职责是监督相关部门的政策执行情况，通过评估确保其执行力。

除此之外，国际信息局主要通过网络等最先进的数字通信技术进行对外的交流工作，以此建立美国的对外形象和公众信誉。其中核心价值观的宣传和教育工作是其重要的内容之一，笔者将在下面相关章节对网络作一论述。公共事务局的主要职责是沟通国内外的传媒机构来确保信息传递的准确性，其根本目的是维护国家安全，宣传美国核心价值观。该局下属的区域媒体宣传办公室以数据库的形式建立智库，将媒体人员和外交专家直接对接,确保外交活动的顺利展开。该局下属的另一个办公室是电子信息及出版物办公室,负责监管和审查电子信息(手机、邮件等)及出版物,确保重大事件中的美国官方立场。"政策·计划·资源"办公室旨在收集和整合国际国内各方的优势资源,为公共外交和公共政策提供最好的政策咨询。

3. 政府和政党领袖常通过公共渠道宣扬核心价值观

美国政府和政党领袖的公开演讲是美国政治中非常有特色也是非常有影响力的部分。细细审查美国历史上总统的演讲材料,有很多都牵涉核心价值观的内容,这充分说明美国核心价值观对于美国政治的重要作用,领袖们也通过这样一种方式增强对核心价值观的宣传教育。

比如美国前总统卡特在 1979 年 7 月 15 日的演讲中指出:我们过去的所有传统、历史中的所有教训,都告诉我们要重拾美国的价值观,要实现国家和自身真正的自由。"如果我们充分利用我们的最好资源——美国人、美国价值观和美国的自信,我们就能够成功。"1980 年 7 月 17 日里根在共和党的国家会议上指出,"我们的政党已经准备好让生活在我们土地上的所有人们达成价值观的共识,这一共识包括家庭、工作、邻里、和平和自由。""我认为政府不应该仅仅依赖于一个人或者一个政党,而应该依赖于那些在人们和政党间传递的价值观。""让我们一起开启一个新的征程,让我们共同关爱那些需要帮助的人,并以家庭的方式教会孩子我们倡导的价值观和品德。""我要求你们不要仅仅信任我,而是信赖你我的价值观,并且始终以此为我们的生活标准。"布什在 1990 年 10 月 1 日的演讲中指出:"我们呼吁民主和人权在任何地方得到重生,这些呼吁也是我们在民主宪章中要铭记的价值观的代表。"克林顿在 1999 年 1 月 19 日的演讲中提到:"我们的政府扎根于古老的价值观:机遇、责任和团结,再次成为一个推进共同进步的工具。"克林顿在 1996 年 11 月 8 日圣保罗 AME 教堂中的演讲里提道:"我们最好的日子还在前方,我们必须共同努力来实现我们的价值观。"奥巴马在

2012年9月6日民主党国家会议上指出:"我们要为了恢复价值观而奋斗,这价值观就是建立世界上最大的中产阶级和最强大的经济。"另外,奥巴马在2009年12月10日接受诺贝尔和平奖的演讲中指出,"我们将坚持不懈地向全世界推广我们的价值观"。

可以说,核心价值观始终是美国政党领袖演讲的主题词之一,他们不断地向民众说明价值观的重要性,也不断通过营造价值共识来获得民心,同时也将核心价值观的宣传和教育看作重要的政治工作来进行。因此,领袖公众演讲在美国核心价值观教育中起到了重要的作用。

(二) 学校支撑

在美国核心价值观教育中,学校教育是其最重要的主渠道。在美国K12教育体系和大学教育体系中都包含着丰富的核心价值观内容,从具体途径来看,主要分为显性教育、隐性教育和学生社团组织等。

1. 显性教育

显性教育是指明确地以"核心价值观教育"为主题的教育实践活动。一方面是以课程的形式进行的核心价值观教育。在K12教育体系中主要是以社会研究课和艺术课的形式来体现,而在大学教育中主要是以通识教育的形式来体现,也有的学校专门开设德育课、政治思想课等。在这些课程讲授的过程中,学生接受了有关美国历史、美国文化、美国精神以及自由和民主等思想,从知识结构上吸收了许多核心价值观的内容。另一方面是以项目(Project)形式展开的核心价值观教育。比如2007年美国学院和大学联盟(Association of American Colleges & Universities)发起的以"核心责任"(Core Commitments)为主题的教育项目,共有23所美国大学参与,主要目的就是提升学生的个人和社会责任感。它以提升学生对自己和他人的道德责任为起点,继而营造出一种认知环境,在这个环境中,学生能够运用他们的才能实现对于正义的责任、工作的义务,以及承担起对于世界、社会和校园的责任,也即公民道德价值观的培养。参与该项目的 23 所大学是 2007 年从 120 多项申请中挑选出来的。以宾夕法尼亚州的阿利基尼学院为例，该学院以系列项目和创新中心的形式来支持本科生培养学习热情、公民道德和发展正义观。在"核心责任"项目的第一阶段，多采用小组讨论的形式来拓展和强化个人及社会责任感。第二阶段由 5 人一组开展研究去探索、发现个人和社会正义以及责任感的多元存在形态。马萨诸塞州的巴布森学院鼓励培养学生的全球视角，注重培养学生的经济和社会价值观，学生、教师和员工共同协作来面临现实问题，并对世界做出改变。此外，参与该项目的还有俄亥俄州的鲍林格林州立大学、加利福尼亚州立大学北岭分校、美国康科迪亚学院摩海德分校等。

2. 隐性教育

隐性教育是指不明确地以"核心价值观教育"为主题，但在教育过程中无形地渗透了对学生核心价值观的培养，主要包括以下几项内容：一是在专业课程中融入价值观的内容。除了专门设置的德育课和通识课程之外，美国的价值观教育更多的是以一种隐性的方式渗透在各个教学过程中，现在已经有越来越多的伦理、道德等专业之外的教学者开始思考价值观的问题，并尝试着在具体教学过程中融入价值观的内容，比如计算机专业、会计金融专业，甚至石油化工等专业。二是组织学生开展志愿服务活动。正如奥巴马所言"美国历史源于志愿服务"，美国的学校无论是从入学条件还是毕业要求都对志愿服务活动有要求。如马里兰大学组织学生开展"假期选修项目"，要求学生利用春假、暑假和寒假进入社区开展志愿服务活动。在普林斯顿大学，学校倡导学生开展丰富多彩的志愿服务活动，主要宗旨是获得自我成长和推动社会进步。三是通过节日庆典中的纪念活动开展价值观教育，如"马丁·路德·金日""林肯诞辰纪念日""华盛顿诞辰纪念日""独立日""总统日""劳动节""国庆节""退伍军人节"等，各大学校都会利用这些节假日开展各种各样的演讲、音乐会、研讨会、篝火晚会等庆祝活动。

3. 学生社团组织

在美国的学校体系中，尤其是高等院校中，学生社团组织占有重要的地位和作用。尤其在第二次世界大战以后，各大高校的学生社团组织得到蓬勃发展，在政府和学校的支持下，学生充分发挥主动性，自己成立社团组织，集结志同道合的朋友。美国大学的学生社团一般包括如下几类：信仰型、学术型、艺术类、服务型、地域型。其中信仰型和服务型的学生社团中包含着丰富的价值观内容。比如美国得克萨斯州休斯敦大学的"国际学生桥"（International Students Bridge）协会集信仰和服务于一身，组织学生定期开展不同主题的讨论活动和互动游戏，同时与当地慈善机构联系，在假期和周末组织学生进行志愿服务活动。比如2016年10月援助受台风侵袭的海边居民，帮助他们打扫卫生、重建家园以及进行捐款捐物等活动。除了特定的节假日之外，每周三晚上18：30至20：00所有协会的成员会聚集到一起，展开关于人生、爱与责任、家庭等为主题的讨论，观看引人向善的电影，倡导诸如"友爱""责任""善良"等核心价值观。

（三）社会联动

除了政府和学校作为核心价值观教育的重要途径之外，社会是另一个重要的支持体系。社会为美国核心价值观教育营造了重要的教育环境，建构了立体化的教育网络，为美国核心价值观对于公民的内化于心起到了重要的作用。具体而言，主要包括家庭、社区、非营利组织、企业和传媒等。

1. 家庭：重要的参与者

家庭教育在核心价值观的教育中发挥着重要的支持作用。作为青少年的第一教育人，尤其是在早期教育过程中，家庭是最重要的角色。从1965年开始，美国的早期教育就推崇家庭的参与。父母以志愿者或观察者身份参与教育活动、参与决策等形式支持教育活动的展开。在之后的教育活动中，家庭越来越成为重要的参与者。随着时代的发展和社会对核心价值观的重视，家庭也开始引入了很多价值观的教育活动，积极参与、配合学校的各项活动。比如在美国的威斯康星州，有一些儿童中心，通过与家庭建立合作关系展开核心价值观的教育活动。如格林儿童发展中心（Gray's Development Center）以父母聚会的方式组织家长讨论和探讨孩子的教育问题，其中信用教育、理解教育等内容都与核心价值观息息相关。此外，茵康帕斯关爱中心（Encompass Child Care）每月组织一次"家庭支持小组"讨论会和定期开展娱乐聚会等，活动主题包括"金钱管理""爱是有限"和"暴力改变"等，也包含着丰富的价值观教育的内容。此外，类似这样的活动在美国其他地区也常常开展。所有教育机构都把家庭合作看作重要的教育方式，通过与家庭搭建良好的合作，展开成功的价值观教育。

2. 社区：社区大学中的核心价值观教育

美国的社区大学/社区学院（Community College）是美国教育体系的一个重要特色，在国民教育中发挥着重要的作用。早在1940年前后，美国总统高等教育委员会就明确指出，社区大学/社区学院对国家的进步发挥着重要的作用，是必不可少的。美国前总统克林顿也曾说过"社区大学是美国的最佳特色"。社区大学隶属于社区，以为社区服务为宗旨，面对的是全社会立体式的教学需求，同时兼具职业教育、转学教育、普通大学教育、补偿教育和社区教育等多种职能。其最突出的特点有以下四点：一是所授课程以实用课程为主，提供大学前两年的基础课以及职业技术课和社区服务课程等。二是教学形式以小班教学为主，每个班人数不超过30人。三是学费相对较低。相比大学本科教育，社区大学只收取一半的费用。四是两年学制，毕业后修够相应学分可以转至正规四年制大学继续修读三、四年级，也可以在完成两年学业后直接进入就业市场。这样一种灵活的教育形式满足了许多人的教育需求，有着很大的市场。而在社区大学中，通识教育也是其重要的教学内容之一，因为他们认为必要的通识教育能够为学生提供基本工作的能力和广泛的适应力，这是每一个学生必须具备的。因此社区大学的通识教育目标包括发展道德观和价值观、学会行使公民的权利和义务、学会独立思考和辨别是非、了解本国的历史文化、培养读写说等表达能力、培养自己适应环境和改造环境的能力等。这些教学目标中包含着丰富的核心价值观的教育内容。以美国得克萨斯州高等教育部门编制的社区大学通识教育课程指导手册为例，该地区社区大学已获批准的通识教育课程包括农业与农业生产、农业科学、资源检索、建筑与环境设计、市场和分销、人际沟通、沟通的技术、计算机与信息科学、个人与多样化服务、教育学、工程学、工程科技、外语、家庭经济学、职业家庭经济学、法律、文书、交叉学科、生命科学、数学、多元交叉学科、娱乐与健康、基本技能、业余活动、哲学与宗教、神学、物理科学、心理学、保护服务、公共事物、社会科学、精密化生产、视觉与行为艺术、健康科学、商业和管理学等。在这些课程中，人际沟通、哲学与宗教、社会科学、公共事物等都包含着核心价值观教育的内容，都注重人们道德水平的发展，教导人们选取正确的价值评判标准。

3. 非营利组织：积极参与核心价值观教育

美国的非营利组织一直是支撑美国社会发展的重要组织，各个州都存在着各种各样的非营利组织。目前美国有大量的非营利组织参与价值观教育中，如"第四第五研究中心"（Center for the 4th and 5th Rs）、品格教育协会、品格教育课程中心、品格发展小组、品格发展与领导、约瑟夫·肯尼迪基金会等。尽管大多数都是以品格教育（character education）的形式命名，但是由于本书绪论中介绍的品格教育是价值观教育的重要内容，所以可以认为这些众多的非营利组织积极地参与美国的价值观教育体系，其中大部分隶属于大学的非营利组织，以从事价值观教育的研究活动为核心，以项目组（program/project）的形式，开展有关的调查研究、跟踪反馈。这些非营利组织大部分会建立自己的专门网站,甚至成立自己的刊物,定期出版、发表、公开一些研究成果,服务于公共机构和教育机构。根据笔者掌握的资料,几乎美国的每个州都有法律规定必须有专门从事品格教育的社会组织来支撑青少年的价值观教育,因此非营利组织的存在也成为美国核心价值观教育体系中的重要组成部分。

4. 企业:企业文化中的核心价值观

企业作为社会的重要组成部分,在核心价值观教育的社会环境营造方面,通过企业特有的企业文化的塑造参与核心价值观的建设。不难发现,大多数知名美国企业文化中都包含有与国家核心价值观一致的价值观内容。美国第一大品牌耐克,它的核心价值观是对运动员和竞技体育的尊敬。另一享誉全球的著名企业苹果公司,它的核心价值观是"激情",具体而言就是相信富有激情的人能让世界变得更美好,并且认为能付诸实践的人才是能改变世界的人。著名的美国迪士尼公司的核心价值观是"快乐",即带给千百万人快乐,并且歌颂、培育、传播健全的美。美国波音公司的核心价值观是永为先驱、尽善尽美。著名超市连锁品牌沃尔玛的核心价值观是尊重每位员工,服务每位顾客,每天追求卓越。英特尔公司的核心价值观是永不停顿、不断创新。百事可乐公司的核心价值观是身体力行。综观美国各大企业的核心价值观,其主流思想与国家的核心价值观都是一致的,可以说通过对这样一种企业文化的塑造,企业成了美国核心价值观建设的重要组成部分。正如星巴克首席执行官舒尔茨写给美国人的信中所说:"美国的价值观、创造力和企业家精神一直在不断彰显着这个国家的伟大。我们借着这些传统,尽我们所能让美国重新起航,让经济再度增长。"

5. 传媒:立体化的核心价值观宣传网络

美国的传媒业包括出版业、电视、广播、电影等,它们为其核心价值观在世界领域的宣传打造了全方位、立体式的舆论环境。

首先,出版业与政府合作输出价值观。出版业包括图书、期刊和报纸等。从"二战"开始，在美国总统罗斯福发出的"图书是武器"这一号召下，美国政府与美国的出版人们展开了史无前例的合作，制订并实施了著名的图书计划，该计划极大地影响了战后美国的国际关系。通过这一计划，美国向世界各地大量输出图书，同时也输出了书本中包含的核心价值观，比如自由主义、消费主义及民主、平等的核心价值观等。如连续七年蝉联美国图书畅销榜第一名的《爱上生命中的不完美》，以50多篇温馨感人的家庭故事为主体，以娓娓道来的方式讲述着美国的文化和价值观。而美国的报纸、杂志、电视、广播等大宗传媒以铺天盖地的方式，吸引着人们对于政治的参与。

其次，美国电影、电视、广播业不遗余力地进行核心价值观的传播。作为电影、电视产业最发达的国家之一，美国利用其高科技和市场运作手段，普遍实行全球化战略，使其成为世界电视节目出口最多的国家。在全球十大传媒集团中，美国占据了其中的七个席位。尽管美国超过九成的电视媒体实行商业体制，宣扬着其言论自由和行为自由，但是电视媒体中对于主流价值观和国家意识形态的宣传却并不少，因为作为一个营利机构，想要占据市场必然受到政治制度的影响，所以它需要迎合主流权利，它所体现的主流意识形态也不言自明。电视、广播业在核心价值观的宣传方面主要有以下几个特点：第一，以自由、民主和平等核心价值观为传播的主要价值导向。美国一向以自由、民主和平等自居，标榜自己是最自由、最民主和最平等的国度，也向世界展示和输出美国特色的自由、民主和平等，并以此为由对其他国家的内政、外交进行干涉。因而，自由、民主、平等也频繁地出现在美国的广播电视节目中。第二，以宣扬美国实力、展示优越感为核心，突出美国在世界的主导地位。在对外形象宣传和价值输出时，美国传媒一直不遗余力地展示自己在经济、文化、科技和军事等方面的强大实力，营造出一种超级大国和超级强国的"美国印象"，使世界人民都对之趋之若鹜，并由此突出强调自己的主导地位和主导世界的责任。第三，以"个人英雄主义"

和"个人奋斗主义"为传播的主题,在国内外宣扬其个人主义的核心价值观。美国文化塑造的"蜘蛛侠""钢铁侠""007"等英雄角色数不胜数,这些英雄人物都深得人心,无论对儿童还是对老人,甚至产生一种巨大的魔力,使人们坚信个人至上、英雄至上。这是美国核心价值观宣传的重要策略之一,把诸如正义、奋斗、扬善除恶、个人主义等价值观念变幻成动画形象或者真实的电影人物,从而深入人们内心,达到核心价值观教育的效果。

(四)宗教熏陶

宗教是美国人精神世界的重要内容,大部分美国人都有自己的宗教信仰,并且每个人都有着很深的宗教印记。教堂在美国大街上随处可见,几乎每一个社区都有所属的教堂,人们可以根据自己的偏好和需求选择适合自己的教堂,他们会在每个周日和一些重要的纪念日、节假日举行礼拜和圣经学习活动。在笔者访问的大部分被调查人中,95%以上的美国人有宗教信仰,并且都认为宗教对他们的价值观形成有重要的强化作用。

1. 宗教活动中的核心价值观内容

当下美国社会的主流价值观很大程度上受其清教传统所影响,它以基督教的宗教教义为核心内容,以《圣经》为蓝本。美国宗教活动大多包含圣经学校、集体礼拜、信友交流、公益活动等。《圣经》及其教义是宗教活动的核心内容。

《圣经》的主要内容涉及了历史、文化、政治和经济等多个方面。主要讲述的是耶和华神应许拯救以色列人的故事,也是一部关于犹太民族从辉煌时期到沦为巴比伦之囚的民族历史,中间穿插着许多关于爱、智慧、正义、罪恶、善良、快乐、诚信、道义等的内容,与每一个人的生活息息相关,每一个段落甚至字句都能引发人们关于人生的许多思考。比如"蒲草没有泥,岂能发长。芦荻没有水,岂能生发。""纯净的言语,如同银子在泥炉中炼过七次。""离恶行善,就可永远安居。""当为贫寒的人和孤儿申冤。当为困苦和穷乏的人施行公义。""义人虽七次跌倒,仍必兴起。"许多出自《圣经》的语句都可成为人们思考人生的经典。而这其中也传递着许多核心价值观的内容,比如善良、公平、正义、大爱等。

2. 宗教活动中的核心价值观教育形式

笔者在美国学习期间调研过很多教堂,如规模堪比万人演唱会的集体礼拜教堂(Lakewood Church)、小规模的白人教堂(Sunset United Methodist Church)、以青年为主的特色教堂(City of Refuge Church)、休斯敦地区最大的华人教堂(晓士顿中国教会),此外还去过Crosspoint Church,Faith Lutheran Church,City of Church等多个教堂,尽管现存美国社会中的教堂多种多样、风格各异,但是其信仰和礼拜的基本程序大致相同。每个周日是美国人默认的去教堂礼拜的日子,从早上9点开始到中午12点左右结束。小规模教堂的礼拜仪式一上午安排两场,每场1小时30分左右。每个教堂会有专门的乐队、演出团队和服务人员,都是义务地、充满热情地参与各项活动。亲身参与教堂活动,能够深刻地感受到很多价值观教育的形式渗透其中。

首先,在幼儿宗教教育过程中渗透着核心价值观教育的内容。每个教堂都会配备专门的儿童教室和儿童娱乐区,会配备专业的幼教对孩子进行看管和教育,方便有孩子的家庭能够参与礼拜活动。小至刚满月的婴儿,就开始把参加教堂活动当成一种生活习惯。有的教堂专门编制了儿童版的《圣经》,里面充斥着各种各样、五颜六色的图画,我亲眼见过1岁多的小孩手捧儿童版《圣经》聚精会神地翻阅,也见过两三岁的孩子虔诚地进行祷告,教堂的儿童教室摆放着各种各样的圣经图书、幼儿玩具,充满着亲切感和温暖感,老师引导孩子们以绘画、讲故事的形式等让每一个幼儿熟悉耶稣和他的故事。每年的寒假和暑假,教堂会举办"圣经学校",提供免费餐食,以音乐会、卡通人物等多种形式,巧妙地利用各种教育方法对孩子们进行宗教信仰的灌输，而这其中包含的价值观内容也就潜移默化地深入孩子们的内心。

其次，在成年人的宗教活动中，也有着丰富的价值观教育形式。一方面是针对成年人的"圣经学校"，会有专业且知名的演讲老师，以《圣经》为教材，开设课堂，以小组讨论的形式，组织信友们共同探讨人生与真善美，以《圣经》内容引导人们选择何种核心价值观。比如笔者参与过的一次有关"婚姻"的讨论，根据《圣经》的原文，基督说"if you are single, just keep single. if you are married, love the one you married"。针对这一句话，老师和信友们可以展开近两个小时的讨论，启发人们思考婚姻，设定了一种价值标杆去面对婚姻，即不要为了结婚而结婚，如果结婚了就一定要忠诚对方、真爱对方。现场还展开了关于"marry the one you love""love the one you married"的讨论，很多讨论都很深刻，人们通过这样的形式真诚地信仰着基督的教义。另一方面就是礼拜仪式，与笔者想象中的白大褂和祷告不同，大部分的美国教堂礼拜仪式都是如演唱会一般的快乐和充满激情，乐队开场会用优美的、有感染力的音乐引导现场气氛，然后会专门留出 10~20 分钟时间，让现场的朋友们互相问候和交流，每一个人都充满着关爱和友善。之后，牧师会充分运用演讲的技艺，围绕本周《圣经》内容和学习主题进行演讲，调动大家参与的积极性，甚至会利用《圣经》里的情景进行模拟，如耶稣在最后的晚餐上说，"面包是我的肉，葡萄酒是我的血"。可以说，美国的教堂以丰富的教育形式向民众输出着《圣经》中的价值观，通过宗教信仰，让美国的价值观教育更加深入人心。

（五）网络渲染

在信息科技发展如此迅速的当下，网络俨然已经成为美国进行核心价值观教育的主阵地。美国官方一方面充分运用网络平台对本国公民进行价值观渗透，另一方面充分运用互联网进行网络外交，向世界人民推崇其核心价值观。

1. 对内：价值观渗透

当今社会，互联网日益成为人们生活不可或缺的重要部分，成为人们第一时间获取重要信息的首要途径，也是美国进行核心价值观教育的重要手段。首先，各机构的官方网站作为本部门本单位的门脸，都把核心价值观作为重要的方面进行宣传，都认为认同价值观是凝聚力量、达成共识的首要前提。大部分网站提供多种语言翻译版本，实现充分的信息公开，赢得民众的信任。比如在休斯敦独立学区的官网首页就明确指出该区核心价值观包含如下内容：一是安全是第一要务；二是学习是学生最主要的事情；三是看重结果和卓越；四是父母是学校的参与者；五是优雅的行为；六是确保学校工作人员的高素质。该学区以网络的形式公开地宣传自己的核心价值观，并对每条都做了详细的阐释。此外，在各大网站上，还充分利用各种文字、图片、音频和视频材料进行展示，除了多语言版本的美国总统和国务卿讲话以外，还包括美国各类精英的精彩发言，如最高法院法官、著名作家、学者、发明家、企业家和体育界名人等。这些材料的选取都能够充分反映出其要宣传的核心价值观内容，比如美国白宫官网上赫然悬挂着总统特朗普的照片和他的话"Let's Make American Great Again Together""The Movement Continues, The Work Begins"。简短的两句话包含着丰富的价值观内容，如通过强调民族自豪感来唤醒每一个美国人的爱国心，也包含奋斗、拼搏、坚毅等行为价值观，呼吁人们团结起来，共同为国家的发展而努力。其次，在网络方面，美国还通过完善的制度和监管确保网络舆论的正确方向。尽管美国倡导自由、人权等核心价值观，但也有着完善的法律和严格的审查程序。正如笔者在前文提到美国也有专门的监管机构来负责监督管理网络舆论，确保对内对外的信息传播和舆论传播能够反映国家的主流思想。

2. 对外：价值观输出

当下，美国的核心价值观之所以在全世界的传播范围如此之大、影响如此之深，与其奉行的价值观输出的外交战略是分不开的。从网络的角度来看，美国充分利用其先进的互联网技术开发出 Facebook，Youtube，Twitter，CO. NX 等世界网络互动交流平台，充分利用网络的国际化、便捷化、快速化、影响大以及各国网络管理的无规则状态大量输出美国文化及其核心价值观。比如近些年来美国选举日益成为全世界关注的头等大事，通过网络，有关选举的所有官方视频、演讲材料几乎能够以各种语言的方式、第一时间传遍全球，让全世界人民了解美国、了解美国的文化，而其内核就是核心价值观。又比如，从 2007 年起美国公务员建立了一个"外交官随笔"对话平台，一方面吸引外国公众关注并参与美国的事务，另一方面第一时间发布美国政要的外交行程以及演讲材料，吸引全世界人对美国的关注，同时在这一过程中输出其核心价值观。再比如，2008 年由美国国务院资助，由星空联盟公司（MetroStar Systems Incorporated）利用网络开发了一款"X‐Life 游戏"。该游戏是美国网络外交计划的重要内容之一，通过手机客户端和计算机终端的一系列免费游戏，来打通英语文化与阿拉伯语文化、波斯语文化之间的交流。同时，利用一些真实的生活场景、文化和语言的要素来消除不同文化间相互理解上的障碍，从而通过场景模拟使中东和波斯湾的年轻人有机会体验美国人充满生机与活力的生活。不难发现，"X‐Life 游戏"中就包含有大量的价值观内容，通过描绘美国文化、模拟美国真实生活、推广美式英语来传递美国社会的基本价值观，如自由、民主、友善和对不同文化的包容以及对宗教信仰差异的尊重等。

可以说美国充分利用网络平台，一方面大量宣传美国的强大和先进，宣传带有美国特色的核心价值观；另一方面以亲民爱民的方式，如润物细无声般，展示出一种温和的、正面的美国形象。比如美国驻华大使馆 2011 年 9 月发布的官方微博"骆家辉大使在武汉天地对现场观众说，美国人民和家庭的情感、梦想、期待和关注，和中国家庭毫无不同"。用这种方式，既增加了世界人民对美国的向往之情，也潜移默化地向外界输出了其核心价值观。根据 2014 年的数据调查显示，美国 Facebook 的全球用户总数达 22 亿人，约占全球总人口的 1/3。美国大使馆官方网站使用 50 多种语言，每日浏览量超过 40.2 万人次。可以看出在世界范围内，美国在网络这片舆论场上发挥的作用和影响力越来越大。

第七节 美国核心价值观教育的主要方法

由于美国价值观教育有着悠久的历史，而其核心价值观教育也以其特有的方式取得了积极的成效，因而我们在了解了美国核心价值观教育的发展起点、发展历程以及它在现存教育体系中的存在形态及其主要教育渠道之后，有必要深度挖掘其在进行核心价值观教育过程中具有代表性的方法，从而能够结合我国实际情况作相应的借鉴。

(一) 价值灌输法

价值灌输法是美国核心价值观教育中最广泛使用的方法。尽管美国学术界对这一方法存在质疑，但是从主流的观点来看，它是一种必要且有效的方法。

1. 价值灌输法的原理

美国价值观教育重要的参考书《价值观教育读本》(*Values Education Sourcebook*) 指出，价值灌输法的目的有两个：一是将某种理想的价值观注入或者内化到人们心里；二是改变学生的价值观，使他们能够接近理想的价值观。它的作用原理如下。

首先，从灌输的必要性看。一方面，因为价值观的存在是普遍的，也是绝对的。即无论是积极的价值观还是消极的价值观，人们不用经过分析和澄清，人们自身肯定会信奉一些或是持有一些价值观。如西方传统社会的基督徒相信上帝信奉的价值观。又如著名社会学家奥利维尔和沙文相信诸如尊重、同情、爱、公平和公正这一类基本价值观是普遍存在的。当然也有人持有一些自私、冷漠等消极的价值观。正是因为价值观存在的普遍性和绝对性，有必要对人们进行价值灌输。另一方面，价值灌输有助于维护社会文化的稳定。从社会发展来看，只有给社会成员注入某些基本的价值观，才能维系社会文化的稳定。比如对于课堂上有种族歧视的学生，老师会加以严厉的批评，也许只是一段简短的、富有感情的讲演，老师也是在进行价值灌输，因为老师相信对于人类尊严和个体尊重这样一种价值观的坚持是维系民主社会文化所必需的。

其次，从灌输的目的看。一方面向人们灌输一定社会和文化背景下的行为标准和守则。价值化是一种认同和社会化的过程，在这个过程中，人们会无意识地从他人、团体或者社会获取一些行为标准和理念，从而植入他们的价值体系中。基于教学目标和老师的教育导向，社会的、个人的、道德的、政治的、学术的以及其他的价值观能够直接注入学生思想中。另一方面价值灌输帮助人们正确评估自己在社会中的角色。根据人的本质，人始终是生活在社会中的，社会要维系和不断地发展，个体在这一过程中扮演着不同的角色。价值灌输把人看作接受者而不是传授者，价值灌输的目的就是给人们注入一些价值观，告诉他们如何正确评估自己在社会角色中的有效性。

2. 价值灌输法的手段与模型

价值灌输法有着许多具体的操作方法，笔者在此介绍以下两种：一是强化法。它分为正强化和负强化。正强化是指对践行核心价值观的具体行为进行称赞和肯定；负强化则是对与核心价值观倡导的行为相逆的行为进行惩罚和批评。有时候或许一个微笑或者皱眉就能实现同样的效果。二是范例法，是指将那些践行了核心价值观的学生树立为榜样，鼓励其他学生仿效和学习。比如将那些守时、对学习充满热情的学生树为榜样，让那些写作能力强的学生朗读他的文章等。而将强化法与范例法结合起来使用会达到更好的效果。笔者根据 Douglas P. Superka 对"价值灌输法操作模型"的语言描述将该模型绘制成图4-3。

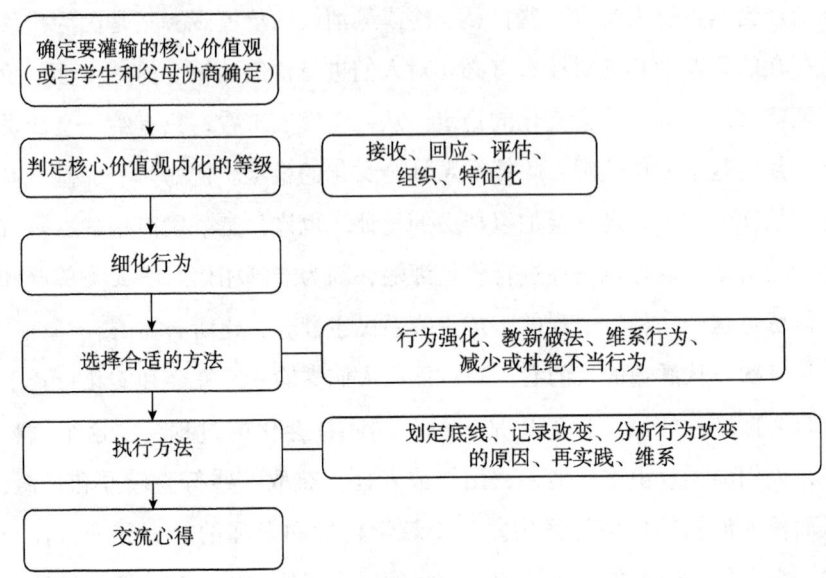

图4-3 价值灌输法操作模型

在这一模型中，价值灌输法被分为六个阶段，每一阶段都做了详细的划分和说明。第一阶段，教育者首先要确定所要灌输的核心价值观，这个过程可以与学生及家长共同商定。第二阶段，在确立了核心价值观之后，要将其内化于学生心中，这一过程需要教育者判定内化的等级，它分为接收价值观（又具体分为"有意识""愿意接收""做出回应"三个层次）、回应价值观（又具体分为"默许""愿意回应""快乐回应"三个层次）、评估价值观（又分为"接受""偏好""认可"三个层次）、组织价值观（"概念化""体系化"）、价值观特征化（确立框架、进行编码）五个方面。第三阶段，是将内化于心的核心价值观细化为具体的行为。第四阶段，教育者选择合适的方法进行"灌输"，这里的方法包括行为强化、教授新做法、维系行为和减少/杜绝不当行为等。第五阶段，是具体的执行，这一过程中要注意划定底线，记录改变及分析行为改变的原因。第六阶段，在完成以上五个阶段之后组织大家互相交流、讨论，将收集的数据、图表信息等进行汇总分析，得出相应的结论。

这一方法具有简便易行、直截了当等特征，是核心价值观教育的基础方法。但是也存在过于强调教育者的作用、忽视被教育者的主动性等局限，因而在学术界不断遭到攻击。但是著名儿童发展心理学家劳恩斯·科恩伯格（Lawrence Kohlberg）在晚年承认在道德教育中拒绝灌输是一个错误，他指出"教育者应该是一个社会化的促进者，必须教授价值观等具体内容，而不仅仅是认知发展过程的促进者，我不再坚持过去对于灌输的消极立场，我相信，灌输应该成为指导道德教育的一种理念，这在一个儿童偷盗、欺骗和攻击性行为日益严重的社会是必须的"。❶

（二）价值推理法

价值推理法源于著名认知心理学家皮亚杰和科恩伯格提出的道德发展理论，是指该方法在价值观教育中的运用，因而概述为价值推理法。

1. 价值推理法的来源和原理

由于道德教育是价值观教育的重要组成部分，因此广泛应用于道德教育中的道德推理和认知发展法也成为价值观教育的重要方法之一。笔者将这种方法称为价值推理法。它的主要观点是由著名发展心理学家劳恩斯·科恩伯格提出的。他在皮亚杰提出的儿童认知发展阶段理论的基础上，通过对道德两难困境问题的分析，提出"三水平六阶段"的道德发展理论。该理论指出人们的道德发展经历了三个水平，即前习俗水平、习俗水平和后习俗水平。其中，在前习俗水平中，人们的价值判断以自我为中心。该水平可分为两个阶段：第一阶段强调利己主义和权威主义，即惩罚和服从的定向。这种定向是为了逃避惩罚而服从于权威或

---

❶ Lawrence Kohlberg. Moral Education reappraised [J]. The Humanist, 1978 (11 - 12): 14 - 15.

者有权力的人。第二阶段是快乐主义和工具主义的定向。例如，你给我奖赏或以物品为交换，我就愿意这样做。在习俗水平中，人们的价值判断标准不仅关注自己，也会考虑社会秩序和人际关系。该水平也分为两个阶段：第一阶段是能获得表扬和得到赞赏、对他人有好处，维系好的人际关系的行为就是好的行为。第二阶段是能够维护社会秩序和法律权威的行为就是正确的。在后习俗水平中，人们不再盲目地相信法律，而是逐渐形成自我意识，根据自我观念形成自己的道德标准和行为准则。该水平也划分为两个阶段：第一阶段中，人们能够进行抽象的哲学思考，即在人们的意识层面会开始思考在一个理想社会中，人要有基本的权利，如生命权、自由和财产权等。同时社会也要有秩序，比如去思考制定何种法律能维持好的秩序，而什么样的法律有时候是不利于社会发展。即这一阶段的人们开始遵从社会契约定向。在第二阶段，人们已经建立起了普遍的道德准则，仿佛成为如康德那样的伦理学大师。但是能够达到这一阶段的人极少。同时该理论认为人们的认知发展是单向向上发展的，而阶段的倒退、丧失高级阶段的能力是非常少见的。

根据这一思想，价值推理法试图让学生通过连续的、有次序的训练发展出高级别的复杂性的价值思维方式。这一方法的重点不在于对价值观的定义，也不在于价值评判过程，而是强调道德认知的推理和思维过程。这种方法多用于一些道德价值观的领域，如公平、公正、平等、自尊等。

2. 价值推理法的教学方法和模型

根据科恩伯格的理论，价值推理法多采用以"价值两难困境故事"为题材、以小组讨论方式进行教学，可以是假设的故事，也可以是来源于现实生活的真实故事。通过短片阅读、视频或者电影呈现的方式，学生选择一个两难困境的题材进行分析，要求学生讲出故事中的主人翁应该怎么做，不应该怎么做，并对其原因分析，然后与其他同学互相讨论。

价值推理法的教学模型如图 4-4 所示。

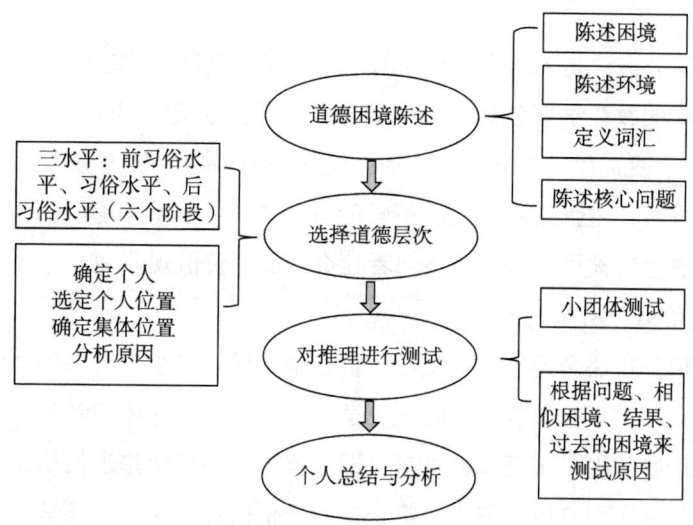

图 4-4 价值推理法操作模型

根据该模型，价值推理法分成四个阶段，即道德困境阶段、选择道德层次阶段、对推理进行测试以及个人总结与分析阶段。其中选择道德层次及模型中确定个人和集体位置是根据认知心理学家科恩伯格对于道德分析提出的三水平和六个阶段。其中三水平是指前习俗水平（9岁以下）、习俗水平（9~16岁）以及后习俗水平（16岁以后），对应这三个水平又划分了六个阶段，分别是：前习俗水平，包含惩罚与服从道德定向阶段、相对功利道德定向阶段；习俗水平，包含寻求认可阶段，也称"好孩子"定向阶段、维护权威或秩序的道德定向阶段；后习俗水平，包含社会契约定向阶段和普遍原则的道德定向阶段或良心定向阶段。以上的价值推理说明在不同阶段人们作出的道德选择不同。通过这样一个过程的训练，可以使学生更好地认识道德的层次性和发展性，从而不断提升个人的道德水平，实现价值观教育的训练效果。

(三) 价值分析法

价值分析法是美国主流社会科学教育学家最推崇的教学方法。倡导这一方法的教育学家包括汉特（Hunt）、米特卡夫（Metcalf）、奥利弗（Oliver）、夏瓦尔（Shaver）和弗兰克（Fraenkel）。价值分析法源自科学实验方法，主张用系统的、逻辑的方法来进行推理和解决价值冲突。这一方法通常被用于公共政策或者社会层面的价值观问题。

1. 价值分析法的原理

价值分析法是指帮助学生用逻辑思维和科学实验方法来处理价值观的问题，多用于社会价值观问题。学生在分析现象好坏或者是否有价值的过程中必须提供可证实的事实，即依据理性和科学作出价值选择。该方法的目标主要有以下三点：第一，对于价值观问题，帮助学生在深思熟虑之后作出理性的选择；第二，帮助学生发展作出理性价值选择的能力和性格；第三，帮助学生在同学之间或者团队之间解决价值冲突。❶

2. 价值分析法的教学方法和模型

价值分析法的常用方法包括以下几种：对于社会价值观问题的个人和团体研究、图书馆和田野实验、理性讨论或者苏格拉底式对话以及"智力操作法"。"智力操作法"是指先陈述问题，然后对陈述进行质疑，最后再证实。可通过对类似案例的分析来描述情形，指出案例中的逻辑关系，找出论据和支撑材料，对不同观点进行衡量，寻找或者进一步证实论点。

关于价值分析法的教学模型，专门从事社会研究的专家们提出过很多，如汉特和米特卡夫提出的"反映价值分析"模型、马夏拉丝（Massialas）和科克斯（Cox）提出的"哥伦比亚协会"模型、奥利弗和夏瓦尔提出的"法理学模型"、班克斯（Banks）提出的"价值追寻"

---

❶ Lawrence E. Metcalf. Values Education—Rationale, Strategies, and Procedures [M]. Washington DC: National Council for the Social Studies, 1971: 29.

模型等，以上这些模型都着重强调逻辑思维和科学实验。其中最能清晰反映价值分析方法的模型是1971年美国社会研究协会提出的指导模型。具体参照图4-5。

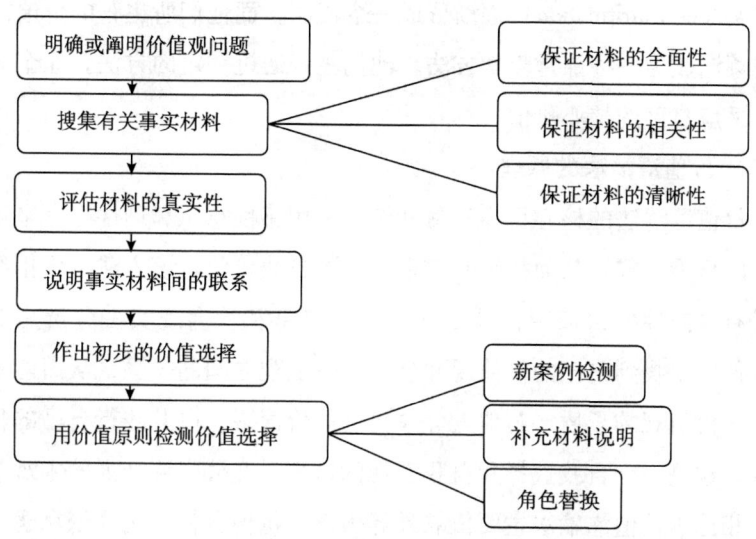

图4-5 价值分析法操作模型

根据该模型，价值分析法分为六个阶段，即明确或阐明价值观问题（包括概念的定义、特征的描述、观点的阐述等）、搜集相关的事实材料（在材料搜集过程中既要确保材料搜集的全面性、也要保证材料之间的相关性以及材料的清晰性，即不要被大量的材料所淹没，要能够梳理出材料的线索）、评估材料的真实性（明确每一条材料的来源，找到真实的依据）、明确事实材料之间的联系（找到事实与价值的关系，明确积极的或者消极的价值评判标准等）、作出初步的价值选择，最后再用价值原则检测价值选择（包括用新案例演习、补充材料说明以及角色替换等方法）。

（四）价值澄清法

价值澄清法出现于20世纪五六十年代的美国，由于社会发展的变化以及进一步强调个人权利，人们开始批判带有价值导向的教育，并且主张要将教堂与政府分离开来，随着人文教育运动（Humanistic Education Movement）的兴起，在拉斯思、哈明和西蒙三人的倡导下，价值澄清（Values Clarification）逐渐形成一个流派，而他们所主张的价值澄清法也逐渐成为一种课堂教学方法。他们主张通过一定的方法，让个人去选择适应自己的核心价值。

1. 价值澄清法的原理

价值澄清法的核心目标是帮助学生利用感性意识和理性思考来审查个人的行为方式，从而找到并实现个人的自我价值。该方法主张拒绝那些带有导向性的价值观，鼓励学生结合自身和社会现实去分辨是非对错。他们要找到自己的价值观并且了解价值观之间的关系，从而能够解决个人价值观的矛盾、与他人分享自己的价值观，以及践行自己的价值选择。这是一个自我选择和自我实现的过程，充分强调个人的主观能动性。相比于价值灌输法主要依靠外界力量，价值分析法主要依靠逻辑和经验，价值澄清法主要取决于个人智慧来决定哪种价值观是积极的、哪种价值观是消极的。

在价值澄清法的框架之下，人成为社会互动和环境互动中的主动力量，内在因素而非外在力量成为决定行为的主要因素。个体甚至能够自由地改变环境使其满足自身的需求。为了实现这一目的，人们必须充分利用他/她的所有资源，包括理性思考与感性意识，有意识或者无意识的感觉，个人意识和身体的机能。[1]

2. 价值澄清法的教学方法和操作步骤

相比其他教学方法，价值澄清法使用了大量的措施和技术。这是由于价值澄清法的倡导人西蒙等花费了大量的精力来研究进行价值澄清的

---

[1] Douglas P. Superka, Christine Ahrens, Judith E. Hedstrom, with Luther J. Ford and Patricia L. Johnson, Values Education Sourcebook [M], Boulder, Colorado: Social Science Education Consortium, Inc., 1976: 106.

策略和技术。这些方法包括大团体讨论/小团体讨论、个人工作/团队协作、假设—谋划—真实困境、排名和强迫选择、敏感度和听力技术、唱歌和艺术工作、游戏与模仿、个人模拟访谈等。

拉斯思提出了该方法的七个步骤：第一，鼓励学生做更多的选择，强调自由选择的过程。第二，帮助学生在面临各种选项时做多项选择。第三，帮助学生对选项进行深思熟虑，考虑每一种选项可能的结果。第四，鼓励学生去思考什么是能让他们觉得荣耀和珍贵的。第五，给学生机会去确定他们的选择。第六，鼓励学生去行动，去实践他们自己的选择。第七，帮助学生有意识地在生活中去重复这些行为和模式。❶ 经过以上七个步骤，个体能够将自我的选择上升为价值，成为价值体系中的一部分。这种方法帮助学生自己去意识他们看重的价值，而不是劝说他们去接受某种价值观。在价值观教育过程中，通过"价值澄清"提升了学生的自我意识，也是在"道德认知"的主题之下，帮助学生选择正确的道德品质。然而教师在这一过程中被要求保持价值中立，教师的角色变成了一个服务人员，而不是指导者和教育者。

价值澄清法具有贴近生活、便于课堂操作以及收效明显等优势，但是由于其过分强调价值选择的主动性，以及重形式轻内容等弊端，在当时受到了很多的质疑和争议，尤其是那些政界和宗教界的人士，他们认为孩子应该被直接告诉是非对错，他们自己无法做出正确的选择。尽管受到许多的批评，价值澄清法还是在当时的学校被广泛运用，直到20世纪70年代末终止。

（五）行为训练法

行为训练法在价值观教育中是一种提倡"做到最好"而不仅仅是

---

❶ Louis E. Raths, Merrill Harmin, Sidney B. Simon. Values and Teaching (Second Edition) [M]. Columbus, Ohio: CHARLES E. MERRILL PUBLISHING COMPANY, A BELL&Howell Company, 1978: 38.

"想成为最好"的以行为和实践为重点的训练方法,它主要出现在美国21世纪头10年,是一种以行为结果为导向的教学方法。

1. 行为训练法的原理

行为训练法强调学生获得的技能和养成的行为习惯,尤其注重早期教育。因为突出强调行为,这一方法适用于对诸如勤奋、自律、坚韧、乐观等这些行为层面的核心价值观的训练。相较于其他的方法,行为训练法更强调行为动作和教学的实际效果,而非思辨的过程和推理的过程。

2. 行为训练法的具体做法

从教师的角度来看,主要有以下几点:第一,教师的角色是指导者与模范。教师用爱和尊敬对待学生,用自己的实际行动做好示范,同时通过"1对1"和课堂讨论的形式纠正错误的行为。第二,实践一些道德法则。通过对法则的执行和发展来强化这些行为,比如采用合作学习的方法让学生学会分工与合作,学会感激他人。有意识地培养学生对学习的兴趣,能刻苦努力,追求卓越。第三,创造一种民主的教学氛围。鼓励每一个学生参与课堂讨论,并且让学生意识到自己有责任参与课堂的设计。第四,充分利用课堂教学来讲授价值观。选取那些有丰富道德内涵的题材(比如文学作品、历史材料和科学知识等)来进行教学,通过阅读、研究、写作、旅游、讨论和辩论等形式展开,选取一些有矛盾点和冲突点的案例告诉学生如何解决现实生活中的问题,同时设计一些相关的项目。

此外,从学校的角度来看,有以下几点:第一,加强教室建设,鼓励利他行为,增加学生在校园和社区开展社会实践的机会。第二,在校园加强道德文化的培育。第三,鼓励父母和社区参与价值观教育的活动,充分利用社区、教堂、政府及传媒来宣传核心价值观。

(六)社会情感学习法

时至今日,美国核心价值观教育逐渐形成了一种情感取向的价值观教育，笔者将其称为价值观教育中的"社会情感学习法"。

1. 社会情感学习法的原理

价值观教育的"行为训练法"，虽然解决了从"头"到"手"，即真正的实践做出来了，但是还缺乏一个从"手"到"心"的过程，即是否真正认可、是否有效，青年是否真的愿意甚至主动践行这些价值观。面对这一问题，美国教育学界通过多年的探索研究，主张通过对社会情感能力的培养将价值观教育与理论学习和个人成功结合起来，让学生真正从情感上认可核心价值观教育。

美国社会情感学习合作组织（CASEL）通过20年的调查研究，设计了著名的社会情感学习计划（SEL）。2002年联合国教科文组织向全球140多个国家推广这一计划。面对该计划的大面积普及，美国核心价值观教育也引入这一计划，从而形成了一种"社会情感学习法"。它强调社会情感能力的培养，不仅帮助青年建立了核心价值体系，而且提升了学习成绩，有助于实现个人理想。CASEL通过研究发现，经过SEL的训练，那些社会情感能力强的学生很容易在标准化的测试中取得高分。尤其是在校园里，那些关注集体、对自己和他人有乐观态度以及较少犯行为错误的孩子，能够获得更好的学习成绩，更容易获得个人的成功。

情感取向下的价值观教育过程不仅包含诸如"公正""诚信""同情""责任"等核心价值观的训练内容，还充分结合理论学习，通过专题课程的设立，采取集体讨论、头脑风暴、模型建立、情景扮演、实际演练等多种方式注重培育学生的专注力、倾听能力，以及管理自己情绪的能力。这些能力的形成在实现了价值观教育目标的基础上，有助于提升学生的理论学习，也有助于实现个人理想，从而让青年从情感上真正认可这些核心价值观，并主动地践行。

2. 应用社会情感学习法的突出案例

社会情感学习法中采用最广泛的就是由儿童委员会设计开发的"第

二阶段项目"（The Second Step Program）。截至 2013 年该项目已经在美国 40% 的小学中采用，后来逐渐在国际上推广，已经翻译成 13 种语言被 70 个不同国家的教育者们购买。❶ 该项目的源头可追溯到 1987 年，它充分利用校园里的各种元素，在同理心、情感管理和问题解决等领域中教授核心价值观，建立价值体系，进行社会情感能力的训练，帮助他们取得好的学习成绩，帮助他们获得个人的成功。其主要有三大特点：一是快乐学习；二是容易讲授；三是建立在科学研究的基础上。

对于在校的学生而言，特别是刚刚步入青年阶段的孩子，还无法使用逻辑、推理以及长远的考虑来解决问题和做决定。尤其是在这一阶段，他们日益独立，面临的风险增多，受同龄人的影响较大。所有这些因素都说明有必要对他们进行一些技能培训，引导青年做出正确的选择和行为。"第二阶段项目"通过一系列的课程、专业训练和专业教材展开。它是由认知行为等领域的专家通过 30 年的实践摸索开发的，并运用到校园和课堂活动的教育体系中。每节课的时间根据学生年龄制定，一般为 25 ~ 40 分钟。教师根据设计好的教案，通过照片、卡片或者视频故事的形式，以提问的方式引出一些关键的概念。这个过程中的行为指导、认知干预推动了学生在认知、情感和行为上的发展。问题的设计推动了课程的演进，引导学生提出解决问题的策略。教师和录像带提供了核心技能的示范。学生通过角色扮演和其他课堂活动的形式来践行某些自律方法和行为技能。该项目的教材中包含提示策略、指导方法和对目标行为的掌控。丰富的教学素材（文字、图表、模型、图片、音乐、故事和视频）和详尽的教学策略使教师们容易讲授，而贴近学生的教学形式也使学生们乐于参与，他们在快乐学习中接受价值观的渗透。

"第二阶段项目"以"1 + 4"为每周的教学结构展开。要求每周选择一个教育主题，"1"是指每周的第一天进行课程的讲授，"4"是指

---

❶ Brian H Smith. School—based Character Education in the United States [J]. Childhood Education, 2013 (10)：354.

每周之后的四天进行课程的实践。每节课都建立在校园生活中可能遇到的情境故事描述的基础上。教师通过对情境模型的建立组织学生展开讨论，在讨论过程中，学生要运用"问题—解决"模型，通过头脑风暴寻求问题的解决办法，然后利用"公正""责任""同理心"等核心价值观对解决办法进行评估。在课堂上，教师组织学生以角色扮演或者游戏的形式进行价值实践，模拟现实社会中的真实场景，给学生提供机会来实践他们的选择，同时在这个过程中意识到他人的权利，寻求解决问题的公正的办法，以及邀请他人来参与游戏等。在课堂外，即"4"指代的一周其余的四天用来进行课程的实践，既包含学生在校园内部的活动，也包含家庭的参与。在校园内，学生们会在食堂、图书馆、体育馆和操场等区域来实践核心价值观。同时，教师会鼓励家庭成员参与这个项目，根据每周的主题，教师也会制定一个家庭规则给每个家庭成员，让学生不仅在校园里，同时也在家里践行这些价值观。"第二阶段项目"课程会针对不同年龄阶段的教育对象有针对性地选取教育内容，与时俱进，根据现实社会的需要，随时调整课程的主题，同时充分利用各种多媒体手段，如拍摄视频来讲述自己生活中的故事，所有的教育内容都来源于自己经历的、见证的真实世界。

"第二阶段项目"将价值观教育与社会情感能力的培养紧密结合，社会情感能力包括人际交往能力、自我管理能力、集体意识和社会责任感等。许多研究显示，社会情感能力强的学生容易取得好的学习成绩。[1] 与同龄人相比，参加了社会情感能力培养的学生其集体荣誉感更强，对于他人和自身的责任感更强，与老师和同学的关系更密切，更乐于积极参加社会实践和校园活动，有更多积极向上的朋友，较少做出不当的行为，更少出现沮丧、自卑、焦虑等情绪，自己能够克服学习上、

---

[1] Valiente, C., Lemery‐Chalfant, K., Swanson, J., & Reiser, M. Prediction of children's academic competence from their effortful control, relationships, and classroom participation [J]. Journal of Educational Psychology, 2008‐100（1）：67‐77.

生活上的困难，更容易取得好的成绩，进入社会之后也更容易取得成功。用长远的眼光审视价值观教育，将它衍生为一种社会情感能力的培养，在保证实现价值观教育目标的基础上，实现理论学习的提高，同时帮助实现个人理想，这样就让价值观教育真正地深入人心，真正得到人们内心的认可，实现了从"头"到"手"再到"心"的全过程。

关于"第二阶段项目"，美国华盛顿州布里恩市的学生凯文说，"'第二阶段项目'中我最喜欢的就是它帮助孩子愉快地度过校园时光，没有强迫，找到了志趣相投的朋友"。华盛顿州西雅图市非裔美国学校七年级老师约翰·戴维斯（Darice Johnson）说，"'第二阶段项目'最让我兴奋的就是它不仅关系孩子的现在，更关系他们长大、成为成年人后的未来"。

（七）"一月一词法"

在美国价值观教育过程中，还有一种具体的"一月一词法"值得参考和借鉴。本书也对这一方法进行了梳理和介绍。

美国的价值观教育有着悠久的历史，它起源于17世纪殖民地时期宗教对人们道德的要求，然而随着时代背景和经济文化环境的变化，它陷入低谷，全社会开始推行"价值中立"，反对有价值导向的教育，结果导致一系列社会问题的出现。于是人们开始意识到价值观教育的重要性，从20世纪80年代起，一些传统的价值观教育方法开始复归，1993年品格教育协会（CEP）成立，1993~2001年美国总统克林顿在两届任期中，组织了5次有关价值观教育的会议，并且主张将学生道德发展作为全国教育工作的重中之重。美国前总统布什也进一步扩大了政府对价值观教育的支持。在这一时期公立学校的主要价值观教育方法是通过一些词汇来认识核心价值观的特征，让学生学会如何善待他人、与同龄人相处以及尊重长辈。其中，最普遍的方法就是"一月一词法"。

1. 美国价值观教育"一月一词法"的具体内容

"一月一词法"是指选取 12 个价值观词汇分配给每个月，然后按月分主题进行学习。当时美国公立学校广泛采用这一方法，各个学校和机构围绕美国核心价值观结合自身特色都制订出自己的"一月一词法"，并且给予相应的解释，采取多样的方法针对核心词汇展开活动。这一教育方法的目标是围绕核心词汇发展学生在这一方面的道德品质，提升道德认知。各个机构采用的核心价值观词汇包括"尊重""责任""公民道德""友善""正直""诚信""公正""信任""爱国""信赖""同理心""分享""乐观""包容""智慧"等。

例如，美国肯塔基州伊丽莎白市哈丁县的学校采用这一方法，以一个学年为周期，即从新学期的 8 月到来年的 5 月学年结束。选取 10 个核心价值观词汇，分配给 10 个对应的月份，每个月确定一个词汇，选取一个代表的颜色，要求每天早上用广播宣传相关的内容，在校园内的建筑物上张贴核心价值观及其解释，并且给予相应的示例。具体内容是 8 月——"礼貌"，颜色是宝蓝色。示例：说"请""谢谢""劳驾"，给后面的人开门等。9 月——"责任"，颜色是黑色。意思是对你说的话、做的事要负责任，做到最好以及永远不要把自己犯的错推卸给别人。保证工作是高效完成的。示例：做错事了就承认；按时完成作业。10 月——"自律"，颜色是橙色。意思是做出正确的选择。示例：拒绝毒品和烟酒、控制好自己的情绪和行为、养成好习惯。11 月——"公民道德"，颜色是棕色。意思是遵守规则，尊重权威；履行个人义务；为家庭、学校和社会做贡献。12 月——"友善"，颜色是金色。意思是考虑他人的感受，在他人需要的时候给予帮助，把他人需要置于个人之前。1 月——"尊严"，颜色是深蓝色。意思是每一个人都是重要的和有价值的。2 月——"诚信"，颜色是红色。指说真话、不撒谎、不欺骗、不偷盗。3 月——"尊重"，颜色是绿色。指用你希望被对待的方式对待别人，施善举、行礼貌。4 月——"公正"，颜色是紫色。指做公正、合理的事情。5月——"智慧"，颜色是黄色。指多实践获得一些见识和技能，保持智慧的头脑。再比如，美国洛杉矶圣约瑟夫学区帕克维小学确立的"一月一词"是：1月——"包容"、2月——"诚信"、3月——"合作"、4月——"坚毅"、5月——"耐心"、6月——"自信"、7月——"正直"、8月——"责任"、9月——"尊重"、10月——"自控"、11月——"公民道德"、12月——"同理心"，每一个核心价值观的词汇都明确了相应的内涵和解释。美国密苏里州波洛小学和中学确立的"一月一词"也是以一个学年为周期，具体内容是：8月/9月——"责任"，10月——"尊重"，11月——"坚毅"，12月——"友善"，1月——"合作"，2月——"信任"，3月——"勇气"，4月——"公正"，5月——"公民道德"。学校将"一月一词"的内容张贴在官网最显著的地方，也做成海报张贴在学校各个角落，做成一封信发放给家长。要求学生分月按主题进行学习。再比如，佐治亚州的西部范尼小学确定1月份的核心价值词汇是责任，鼓励学生们在具体的学习生活中实践"责任"，包括照顾他人，成为可以信任的对象，履行自己的义务，然后月底老师给那些表现出以上行为的学生颁发证书。每个月都会以这样的形式来鼓励学生认识核心价值观词汇，除1月外，他们规定的2月/3月——"主动性"，4月——"乐观"，8月——"友谊"，10月——"公民道德"，11月——"诚信"，12月——"同理心"。此外，还有一些学校把"一月一词"做成填字游戏发给学生，做成试卷，让学生自己设计各种各样的图片等形式，让学生深刻认识这些词汇。

2. 美国价值观教育"一月一词法"的优势与局限

在美国价值观教育复归的很长一段时期，"一月一词法"在全美被广泛运用，几乎各个学区、各个学校甚至一些社会教育机构都列出了自己的"一月一词"。该法具有如下明显的优势：第一，适用于价值观教育的早期阶段。"一月一词法"出现在20世纪末21世纪初，当时美国由于对青年价值观教育的忽视而出现了一系列的社会问题，青少年缺乏正确的价值导向，无法做出正确的价值选择。因此用词汇学习的方法能让学生很快认识到什么该做、什么不该做，即形成正确的价值认知。这种方法直击重点，简单明了，因而对于当时的美国能够起到很好的教育效果。第二，简单易行，便于操作。美国社会各界惯于以词汇的形式概括他们的核心价值观，通过"一月一词法"的形式以月份为单位进行划归，确定了学习的主题，限定了学习的周期，也明确了学习的目标，即掌握这些核心价值观的内涵与特征，同时鼓励学生在学习生活中实践这一价值观。因此，对于学校和教师来说，其要做的就是选择不同的措施来施行"一月一词法"，这对于教师来说容易操作。这种方法一方面鼓励各个学校结合自身的文化与特色确定自己的核心价值观，另一方面鼓励全体师生按月来学习这些核心词汇，容易在价值认知阶段起到立竿见影的效果。第三，受众广。由于该方法简单易行，教师、员工、学生、家长甚至社会人员都可以成为教育的主导者，围绕核心词汇任意发挥自己的想象，进而展开广泛的教育和大面积的传播。

然而这种方法在施行一段时期后，学术界更多的是批判。"一月一词法"也有很多局限：第一，限于词汇，方法枯燥。由于我们考虑的价值观教育方法应该是长期的，能够形成长效机制的，而"一月一词法"学习周期为一年，即一年掌握所有的价值观词汇。那么第二年、第三年如果学习同样的内容，就容易引起学生的反感。美国学者布拉其指出，如果年复一年地学习同样的词汇，学生会觉得枯燥。尽管人们在起初的学习阶段更倾向学习特征，但是之后就应该把重点放在行为上。❶ 即学习的内容不应该仅限于词汇，应该加入更多的教育内容以及采用更丰富多彩的形式。学者霍基直接指出这一方法停留于表面，比较肤浅。他认为应该将价值观教育与公民教育相结合，与历史教育相结合，而不能仅

---

❶ Cletus R. Bulach, Implementing a Character Education Curriculum and Assessing Its Impact on Student Behavior [J]. The clearing House, 2002 (11-12): 79-83.

仅限于词汇。第二，这一方法的实效性很难评估。学者博克维兹指出，尽管"一月一词法"得到了广泛的应用，但由于缺乏理论研究，这一方法的实效性很难被评估。他分析了以下三点原因：一是一些著名的学术机构缺乏对这些价值观词汇的研究，或者说学术机构的研究缺乏科学化的手段；二是这些价值观的词汇代表的都是抽象的内容，很难进行评估，比如很难找到有效的方法来测量一个学生是否"正直"。三是由于每个学区、每个学校确立的核心价值观词汇差异很大，一些教育评估模型很难操作。❶ 因此，由于缺乏理论研究，这一方法始终停留在核心价值观词汇的选择和解释上，由于缺乏实效性，难以评估，最终被终止。

此外，我们也应该看到，由于这一方法适用于价值观教育的早期阶段，随着美国价值观教育由刚刚恢复发展到现在的大力倡导阶段，它的教育方法也应该随着教育需求的转变而改进。就美国的价值观教育历史来看，这一方法由于缺乏理论研究，停于表面，直接终止。在之后的价值观教育方法体系中，又形成了"价值分析法""行为训练法"和"社会情感学习法"等。但是，我们应当看到"一月一词法"已经取得了很大的受众，有了很好的基础，说明它存在合理性，直接"废弃"未免有些可惜，如果加以改进，深入研究，也许可以取得更好的效果。

3. 美国价值观教育"一月一词法"的借鉴与改进

就我国的价值观教育现状来看，我国处于社会主义核心价值观教育的新阶段。美国价值观教育的"一月一词法"与我国有如下两方面的关联性：第一，我国处于社会主义核心价值观教育的早期。由于我国的社会主义建设才70多年，明确提出建立社会主义核心价值体系、确立社会主义核心价值观也是近几年，因此我国当下处于社会主义核心价值观教育的早期，教育目标是认识核心价值观的特征与内涵，即更好的价值认知。这一阶段的特征和教育目标与"一月一词法"是相对应的。

---

❶ Berkowitz, M. W., &Bier, M. C. What works in character education: A Research—driven guide for educators [R]. Washington, DC: Character Education Partnership, 2005 (2): 28.

第二，我国的社会主义核心价值观表现形式为12个词，正好对应"一月一词"法的12个月。社会主义核心价值观的教育内容以核心价值观为中心，党的十八大报告中明确指出了社会主义核心价值观的12个词，即富强、民主、文明、和谐，自由、平等、公正、法治、爱国、敬业、诚信、友善。从形式上看，与"一月一词法"也是相对应的。

出于以上两方面的关联性，我国对"一月一词法"的借鉴存在一定的可能性，但是我们要客观地去认识"一月一词法"，既要看到它的优势，更要看到它的弊端。在方法借鉴时要认清中美核心价值观内涵的本质区别，切勿将学习方法生搬硬套，一味模仿。要认识到方法的可行之处，借鉴其方法的可用之处，同时结合我国的实际情况和教育特色加以改进，从而演化成为社会主义核心价值观教育的"一月一词法"。具体可以从以下几方面展开。

第一，以"一月一词"为基本框架，采用综合方法加深对核心价值观的认识。如1月为"富强月"，2月为"民主月"，3月为"文明月"，4月为"和谐月"，5月为"自由月"，6月为"平等月"，7月为"公正月"，8月为"法治月"，9月为"爱国月"，10月为"敬业月"，11月为"诚信月"，12月为"友善月"。在确定了主题之后，鼓励各个机构采用多种方法进行宣传和学习，通过借鉴美国价值观教育"一月一词法"的经验，吸取相关的教训。我们在具体学习过程中不能只停留在词汇的表面，要通过综合训练的方法，包括对核心价值观的公共宣传；用具体的可操作性的行为来定义核心价值观；建立践行核心价值观的模型或者找到某个模范人物；对践行核心价值观卓有成效的学生进行表彰和奖励；充分利用校园里的每个元素，如教室、食堂、操场、走廊、校车等宣传践行核心价值观；调动所有的教职工、家长和学生共同参与核心价值观的学习等。

第二，制订"一月一词法"学习远景规划，保证每年"常学常新"。为了避免每年学习内容雷同，学生觉得枯燥的尴尬境地，在"一月一词法"学习过程中应着眼于制订长期的学习方案,如"一月一词法"的五年规划或者十年规划。这样一来,每年学习的词汇虽然一样,但是目标和内容不一样,形式也不一样,就不会引起学生的反感。比如对于"爱国"的学习,第一年的学习内容是我国历史文化中的爱国,第二年的学习内容是现当代的爱国,第三年的学习内容是世界文化领域中的爱国,第四年的学习内容是爱国与爱社会主义,第五年的学习内容是爱国与爱自己等。通过这样一种形式挖掘出核心价值观更丰富的内涵,从而更深入地理解。

第三,加强理论研究,注重对学习结果的评估。美国"一月一词法"之所以终结,因为其缺乏理论支撑,始终停留在表面,停留在具体的活动形式中,没有相应的评估机制。因此,我们要吸取这方面的教训,成立专门的研究团队针对"一月一词法"进行全面深入调研,研究它在我国是否能够成为一种常态性的学习方法,研究它的学习结果是否可以进行评估。对于评估的方法,我们可以借用目前美国价值观教育方面的评估手段,如对于一些核心价值观词汇设置一些问题,或者一些对应的行为结果,看学生是否做到或者是否想到,然后设置相应的分值,划定一些价值观学习成果的等级,给每个学生制定一个学习成果检测表等,诸如此类评估手段来检测学习效果,根据检测结果随时调整学习计划,从而实现价值观学习的动态性和有效性。

第五章
社会主义核心价值观在全球抗疫比较中的优越性及其世界价值

随着新型冠状病毒肺炎疫情在全球不断扩散,疫情防控成为对世界各个国家治理能力和治理体系的大考,各国的应对举措和民众反映集中凸显出世界各个国家的主流价值观。随着我国抗"疫"形势逐渐向好,人们一致认识到社会主义核心价值观主导的价值共识是我国走出疫情的重要精神法宝,也在全球抗"疫"比较中呈现出诸多的优越性。

第一节 在全球抗疫比较中体现出社会主义核心价值观的优越性

一、全球抗疫比较中体现出社会主义核心价值观的先进性

社会主义核心价值观中的集体意识是中国人民率先走出疫情的重要法宝。面对此次突如其来的疫情,中国人民在共同的价值理念下汇聚成

了磅礴的战役力量。其中最核心的共同价值就是家国情怀主导下的集体意识。每一个中国人都深知疫情关乎自身，也关乎国家发展的大局，所以人们自觉地佩戴口罩、居家隔离、不去公共场所，甚至涌现出了许多"最美逆行者"，不顾个人安危，冒着被感染的风险，参与救治工作，有不少医护人员感染新冠肺炎甚至牺牲，全中国呈现出上下一盘棋、众志成城的团结战斗景象。这种集体意识形成的公共人格不同于西方国家基于个人主义的价值理念，所以面对同样的疫情，在疫情初现端倪的时候，西方资本主义国家的人们不愿意佩戴口罩，认为防疫"与我无关"，仍无所顾忌地参加节日游行、球赛、演出等大型集会活动，对新冠肺炎疫情采取忽视、轻视甚至蔑视的态度。此外，政府、媒体、科学家、公民等群体出现了许多不一样的声音，互相指责、诟骂，社会出现了许多分裂点，这些理念直接导致了后来疫情在欧美等资本主义国家的大流行。

社会主义核心价值观的全球视野是先进的价值理念。社会主义核心价值观强调美美与共、构建人类命运共同体。疫情在中国发生以后，在全球视野和全球责任感的价值理念指导下，我国第一时间通报了世界卫生组织，第一时间通知了贸易和人员密集往来的国家，第一时间启动防控措施，如在出入境增实行温检测筛查、减少密切往来国家和地区的车辆和航班、关闭部分港口、取消或者延期会议等。对于中国政府的一系列举措，世界卫生组织总干事谭德塞一次又一次地赞扬中国，他指出，"中国的做法体现了公开透明和国际合作，中国政府每天都在尽最大努力保护全体人民，不仅为了自己，更是为了全球卫生安全，大家要向中国致敬"。联合国秘书长古特雷斯指出："中国人民以牺牲正常生活的方式为全人类做出了贡献。"尽管很多国家并没有珍惜中国一开始为世界争取的时间，但是从价值层面上分析，社会主义核心价值观的国际视野标志着人类文明的制高点。

社会主义核心价值观的先进性是由社会主义制度所决定的。制度先进性带来价值观的先进性。社会主义制度建立在生产资料公有制的基础上，消灭了阶级对抗和剥削，劳动人民成为国家的主人，人民的利益与社会和国家的利益高度一致，所以体现出家国情怀、集体意识和高度的责任感。相较而言，资本主义制度建立在生产资料私人占有的基础上，是一种分权的制度，分权意味着权力和权力有限，同时也就意味着责任有限，因而人们只关注自身的权益，不考虑他人和国家，而且遇到问题了第一时间想到的是推卸责任、互相指责，造成了一种分裂的意识形态。

二、全球抗疫比较中体现出社会主义核心价值观的真实性

社会主义核心价值观的唯物性和现实性是我国抗"疫"取得积极成效的重要价值指向。社会主义核心价值观是在马克思主义指导思想下，以唯物的、现实的观念去面向生活。在中国抗"疫"过程中，特别在武汉封城时，面对床位不够、病毒感染者大量激增的现实，我国政府从全国调集22支国家紧急医学救援队，29小时建成3家方舱医院，之后又陆续新建13家方舱医院。10天建成火神山医院、雷神山医院，同时改造同济、协和、湖北省人民医院等综合医院，使定点医院从35家增加到86家。把530多个宾馆、培训中心和疗养机构改造为隔离点，安置密切接触者、疑似患者。❶ 这些强有力的举措为我国在最快时间走出疫情困境发挥了至关重要的作用，从价值层面看，归功于实事求是、解决现实问题的价值导向。而西方国家的人们一开始认为可以"群体免疫"，或者幻想着通过宗教、上帝来等待疫情的"自动消亡"，明显是不现实的。

社会主义核心价值观是具体的和广泛的。比如，对现实生活中"自由"这一价值观的深层理解。社会主义核心价值观与西方所谓的"普

---

❶ 孙春兰. 深入贯彻习近平总书记重要指示精神全面加强疫情防控第一线工作指导督导[J]. 求是，2020（4）：21-28.

世价值"中都包含有"自由"这一核心价值观。社会主义核心价值观中所理解的"自由"是具体的、现实的、有条件的，是一种集体主义的自由。即强调人与人的社会关系，不仅考虑个人自由，还考虑个人自由与他人自由的关系，强调的是一种社会自由。因此，当疫情席卷中国的时候，中国人会先考虑集体、社会，不约而同地听从党和政府的指挥，遵守各种规定，自觉佩戴口罩，自觉进行隔离，自觉上报个人信息。相比之下，西方社会所倡导的"自由"是一种天然的、纯粹的、消极的、无条件的价值观，认为个人是目的，个人自由是最大价值，无须考虑他人和社会。因此，西方民众在中国疫情开始的早期，在中国实行各种举措为世界争取的宝贵时间里，拒绝戴口罩，反对政府剥夺他们出门、集会、参与活动的权利。当时美国《纽约时报》曾评价，中国封城"给人民的生活和个人自由带来了巨大损失"，这是对"自由"价值观的机械式理解，造成了后来疫情在西方社会的大范围扩散。

三、全球抗疫比较中体现出社会主义核心价值观的人民性

新冠肺炎疫情在中国发生以来，习近平总书记高度重视，亲自调研指挥，多次作出重要指示和要求，指出要把人民群众的生命安全和身体健康放在第一位，把疫情防控工作作为当前最重要的工作来抓，"全力以赴救治感染患者""及时收治所有确诊病人""决不能因费用问题耽误患者救治"。我国在抗疫过程中始终彰显的都是"人民至上"的核心理念。以 2003 年我国应对非典型肺炎（SARS）疫情的历史来看，据世界卫生组织 2003 年 8 月 15 日统计数字，中国内地累计病例 5327 例，死亡 349 人，最终非典型肺炎冠状病毒在全球范围内被消灭。在我国的价值理念中，面对疫情当要统筹考虑科学性、政治性、社会性和经济性时，人民群众的利益是具有最高优先权的，所以在当下尽管中国的新冠肺炎疫情得到了有效的控制，国家在复工复产的过程中也是时刻以人民利益为衡量标准。

相比之下，全球抗"疫"过程反映出了不同国家的"人权"价值观。根据 2020 年 3 月 30 日中国经济网的报道，美国总统特朗普面对复杂的疫情形势对媒体说，"如果美国能够将新冠肺炎病亡人数控制在 10 万，就意味着我们做得很好"。还有某些西方国家觉得 2%～3% 的病死率是可以接受的。西班牙面对有限的医疗条件和严峻的疫情形势不得不做出一个残忍的决定：优先救治年轻人和对社会做出更多贡献的人。这些价值观与社会主义核心价值观中以人民为中心和为人民服务的价值理念是相悖的。是不是把人民权利和利益放在第一位，从政治家的言行举止和国家出台的各项政策中就能判断出来。一些西方国家觉得 2%～3% 的病死率是可以接受的，世界卫生组织总干事谭德塞一直强调："这不仅仅是一个个数字，每一个数字后面都是生命。"通过对比，可以看出我国和西方国家对于人权这一价值观的不同理解。

四、全球抗疫比较中体现出社会主义核心价值观的科学性

社会主义核心价值观是唯物的、现实的，也是崇尚科学的。自新冠肺炎疫情在我国发生以来，习近平总书记一直强调要"科学防治"，指出关键要靠科技。这次战疫过程中，我国的医学科研队伍展现了雄厚的实力。一是在"创纪录短的时间内"甄别出病原体，并同世界卫生组织和其他国家分享病毒全基因序列信息。二是在临床救治和药物、疫苗研发、检测技术和产品、病毒病原学和流行病学、动物模型构建 5 大主攻方向上，在短时间内均取得积极进展。三是中国中医科学院医疗队边救治、边总结、边研究研发出的化湿败毒颗粒，正在由科研成果加速向更方便患者使用的成药转化。四是按照 5 种技术路线（灭活疫苗、基因工程重组亚单位疫苗、腺病毒载体疫苗、减毒流感病毒载体疫苗、核酸疫苗），遴选 8 个优势团队"并联"开展疫苗紧急研制。此外，在基建工程方面，5G、AI 算法、无人机、机器人等发挥了重要的作用，保证能够在 10 天兴建 2 所大型医院，最大限度容纳患者。另外，在网络远

程教育和保障生活物资供应方面，科学研究也发挥了重要的作用。中国抗"疫"全过程都是在科学精神的指引下，以科学战胜病毒，以科学战胜困境。

相比之下，某些西方国家一开始就秉持种族主义的价值观偏见，认为新冠肺炎是因为中国人不注意个人卫生、活吃老鼠，以及医疗条件差等原因造成的。某欧洲国家领导甚至认为"新冠肺炎是黄种人的疾病，与我们无关"，美国一些民众认为新冠肺炎不过是大号的流感，不用太在意，认为自己是上帝选民，可以群体免疫，这些价值观偏见都是缺乏科学精神导致的。

第二节 社会主义核心价值观的世界价值

随着社会向前发展，各种思想文化相互激荡，不同文明交流、交融、交锋更加频繁，被称为文化的精髓或灵魂的核心价值观在国家与社会发展中的生命线作用越来越突出。社会主义核心价值观是当代中国在发展过程中提出的在价值层面的中国方案，它不仅对中国发展有重要的影响和意义，对其他社会主义国家和西方发达国家也具有重要的影响和价值，因此要增强社会主义核心价值观的对外传播。对于社会主义核心价值观的世界价值可以做如下几个方面的分析。

一、社会主义核心价值的世界向度

社会主义核心价值观是在马克思主义指导下，根植中华民族历史和文化，结合人民的奋斗实践和时代问题提出的核心价值理念。任何价值观的形成可能都是基于历史的、特殊的原因，但如果某种价值理念代表历史进步的趋势，与历史发展的方向相一致，那么这种价值观就可能成为具有共同性或普遍世界意义的价值。❶ 社会主义核心价值观的内涵以其真实性、公正性、人民性和理想性标志着人类政治文明发展的最新高度。

第一，社会主义核心价值观具有的真实性、唯物性和现实性，是全人类的共同文明成果和共享价值观念。社会主义核心价值观在马克思主义科学理论的指导下，强调面向生活、面向实践，一切从实践出发，实践是检验真理的唯一标准。因此社会主义核心价值观具有真实性、唯物性和现实性，强调实事求是。相比西方传统哲学遵循的形而上学、主客体二元对立、崇尚理论思维和精神虚构等思维模式而言，社会主义核心价值观以其真实性、唯物性和现实性实现了进步和超越，对于推动社会发展有重要的现实意义。

第二，社会主义核心价值观建立在生产资料公有制的经济基础之上，否定了剥削、压迫、强权、异化等价值理念。社会主义核心价值观的本质是其社会主义性质，它强调生产资料公有制，即劳动者共同所有、占有、支配和使用生产资料，因而推崇社会公正、社会平等、社会成员共同富裕等价值理念。而在资本主义社会中，由于存在着生产社会化和生产资料私人占有之间的矛盾，不可避免地会出现资本家、工人阶级或奴隶阶层之间的对立和矛盾的不可调和，所以社会两极分化日益严重，社会问题频出。而社会主义在公有制指引下，能够不断培育社会成员的集体主义、责任意识、服务意识和友爱意识等，实现社会文明的真正进步。

第三，社会主义核心价值观中"以人民为中心"的思想，高度契合了世界人民的需要。社会主义核心价值观坚守"以人民为中心"的价值导向，以全人类的解放和全面自由发展为宗旨，强调国家是人民的，人民要当家做主。习近平总书记指出："以人民为中心的发展思想，

---

❶ 韩震，王璇. 培育和践行社会主义核心价值观热点问题探析［J］. 高校马克思主义理论研究，2018（3）：5－14.

不是一个抽象的、玄奥的概念，不能只停留在口头上、止步于思想环节，而要体现在经济社会发展各个环节。"❶ 这一论述体现出我国社会主义价值理念中人民性的彻底性，它不是像标榜着民主楷模的美国，真正的权利只掌握在一小群精英手里，造成严重的社会分化。社会主义核心价值观中的"以人民为中心"思想强调的是国家意志和个人意志的统一，以及更大程度、更广泛的权利，这些思想与世界人民的需要是高度契合的。

第四，社会主义核心价值观中包含的共产主义理想是全人类的共同愿望。社会主义核心价值观以共产主义理想为价值目标。共产主义理想不仅是近现代以来人类的梦想，而且是在全部人类文明史中始终存在着的社会梦想。❷ 其源头可以追溯到原始社会时期，人们平等互助，共同占有生产资料，实行平均分配。从生产关系和社会制度来看，原始社会时期就是原始的共产主义，在人类社会发展的早期就埋下了一颗共产主义的种子。在西方社会，早在古希腊、古罗马时期，就有诸如《理想国》《太阳城》中描述的社会主义理想。而在东方社会，以中国为例，早在《论语》中就有"不患寡而患不均"，《礼记》中记载"大道之行也，天下为公"，到康有为在《大同书》中期望"今欲致大同，必去人之私产而后可；凡农工商之业，必归之公"等，这种理想反映的是人与自然、人与人、人与社会的高度和谐。它是全人类的共同追求和共同愿望，因此社会主义核心价值观反映了全人类的核心利益追求，是具有世界意义和全人类意义的价值观念。

二、社会主义核心价值观的价值理念与人类命运共同体紧密联系

社会主义核心价值观坚持以人为本，倡导一种和谐的理念，不仅仅

---

❶ 习近平. 习近平谈治国理政：第二卷 [M]. 北京：外文出版社，2017：213–214.
❷ 刘建军. 论共产主义理想的历史形态 [J]. 中共杭州市委党校学报，2016（9）：18–25.

强调中国内部的稳定与和谐,更蕴含着和谐世界的理念,其与人类命运共同体遵循共通的价值原则。2017年12月1日,习近平总书记出席中国共产党与世界政党高层对话会,会上他指出:"中国共产党所做的一切,就是为中国人民谋幸福、为中华民族谋复兴、为人类谋和平与发展。"

第一,社会主义核心价值观强调国家、社会、个人在价值目标上的融汇统一,以集体主义的价值理念引导人民关注社会、国家和世界。家国情怀是我国千年文明传承过程中的重要文化精髓和文化基因。它首先起源于大河文明,中华民族的儿女们沿河而居,自给自足,逐渐形成了农耕社会与农耕文化,从而营造出熟人社会与和谐的社会氛围;其次,它来源于以孔孟代表的儒家文化,强调仁、义、礼、智、信;最后,它来源于1840年中国近代以来曲折的发展历史。这种情怀体现在社会主义核心价值观中就是个人与社会和国家的统一,也即对于集体主义的倡导。社会主义社会的集体主义不是对个体的束缚,它强调个人利益服从集体利益,只有在集体中个人才能获得全面地发展,只有在集体中个人的积极性和创造性才可以得到最充分的发挥。相比西方社会,他们起源于海洋文明,重商轻农,形成的是一种陌生人社会,这种社会强调法制和规则,倡导平等和自由主义,他们推崇的价值观念是个人至上和个人权利的最大化。由于忽视了人的社会性,人生活在社会上,就好比动物生活在自然界,很容易失去方向。社会主义价值观念倡导的国家、社会和个人的统一,是基于社会有机体的科学分析之上,是社会有机性的表现,为人类社会和世界发展提供了一个新的方向。

第二,社会主义核心价值观强调价值观与经济、政治、文化、社会、生态等各个领域的重要关系——关乎人类的命运。社会主义核心价值观提出的最重要意义还在于明确了核心价值观不仅仅是精神文明的内容,它还与国家的经济建设、政治建设、文化建设、社会建设和生态文明建设等紧密相关,其中每一方面的建设都关乎个人的命运和发展。从整体的视角去理解国家核心价值观与国家建设的关系以及国家建设与个人命运的关系，从而认识到社会主义核心价值观作为一个群体的"最大公约数"融入国家建设的方方面面，可以最大范围地整合社会资源和社会意识，形成一股强大的精神力量助推国家的发展，同时也深刻影响着个人的命运。

第三，社会主义核心价值观强调国家核心价值观既要考虑本国发展，也要紧密联系世界，思考自身的世界使命。社会主义核心价值观强调走自己的路，每个国家都要结合自己的特色探索适合自身的发展道路。对于全球问题，强调以开放的、负责任的态度积极面对，共商共建，分享发展的成果。而西方资本主义国家倡导的"普世价值"，一方面提倡价值理念的移植和附加，而对于全球问题或犹豫退缩，或事不关己、高高挂起，甚至出现孤立主义、反多边主义的倾向。因此，要真正辨清价值观的实质，真正实现理念与行动的一致。

第四，社会主义核心价值观的价值理念指明了人类命运共同体的发展方向。社会主义核心价值观以其和谐、大同、共享等先进理念明确指出人类命运共同体的未来发展方向。在频繁的世界交往中，各国必然会对某些问题形成共同的认识，诸如道德、正义、幸福之类的价值观就属于世界各国人民的"共同价值"。马克思也曾指出"努力做到使私人关系间应该遵循的那种简单的道德和正义的准则，成为各民族之间关系中的至高无上的准则"。❶ 这些"至高无上"的准则在人类社会发展过程中是客观存在的。社会主义核心价值观包含着能够为世界人民认同的价值理念，指明了人类社会未来的发展方向。马克思在《德意志意识形态》中指出："只有在共同体中，个人才能获得全面发展其才能的手段，也就是说，只有在共同体中才可能有个人自由。"❷ 社会主义核心价值观通过其先进的价值思想和价值理念，从人类命运的高度在价值层

---

❶ 马克思恩格斯选集：第三卷 [M]. 北京：人民出版社，2012：11.
❷ 马克思恩格斯选集：第一卷 [M]. 北京：人民出版社，2012：199.

面为世界发展提供了"中国方案",它不仅仅强调人类互相依存的关系,更从同呼吸、共命运的高度阐释了其重要的世界意义。

三、社会主义核心价值观对世界社会主义形成和发展自己的价值观有重要意义

世界社会主义运动发展500多年,经历了从兴起、强盛到曲折、失败的过程,也经历了后来的回复、发展到当下以中国特色社会主义为代表的社会主义运动的蓬勃生长。500多年以来,从空想到科学,从理论到实践,从一国到多国,中国特色社会主义核心价值观也是从一个侧面对世界社会主义运动500多年历史的总结、反思和提炼,它对于推进世界社会主义形成和发展自己的价值观有重要的意义。

第一,明确指出社会主义核心价值观的培育和引领是世界社会主义运动的重要内容。社会主义建设是一个系统工程,在关注经济建设、政治建设的同时,也必须要关注文化"软实力"的建设,特别是意识形态领域对核心价值观的培育和引领。在世界社会主义运动的发展历程中,苏联70多年的社会主义实践的最大教训就是忽视了对核心价值观的引领和教育,从而使西方的资本主义价值观有了可乘之机,进而苏联改旗易帜,放弃了自己从实践中走出来的社会主义道路,转向西方的私有制、多党制和意识形态的多元化。苏联这个曾经雄伟壮丽的"社会主义大厦"在精神领域被彻底击溃了,国家分崩离析,社会出现了大混乱,经济也呈现衰退的局面。因此社会主义核心价值观的培育和引领是世界社会主义运动的重要内容。

第二,社会主义核心价值观形成和发展的一般规律对世界社会主义运动形成和发展自己的价值观有启发意义。习近平总书记指出:"价值观是人类在认识、改造自然和社会的过程中产生与发挥作用的。不同民族、不同国家由于其自然条件和发展历程不同,产生和形成的核心价值观也各有特点。一个民族、一个国家的核心价值观必须同这个民族、这

个国家的历史文化相契合,同这个民族、这个国家的人民正在进行的奋斗相结合,同这个民族、这个国家需要解决的时代问题相适应。"❶ 这是一个民族、一个国家核心价值观产生、形成和发展的一般规律,也能给世界社会主义运动形成和发展自己的价值观提供重要的规律性价值。

一是世界社会主义的核心价值观必须同世界社会主义运动的历史文化相契合。从中国的发展来看,中华五千年文明为什么没有中断过,"中华民族之所以在世界上有地位、有影响,不是靠穷兵黩武,不是靠对外扩张,而是靠中华文化的强大感召力和吸引力"❷,从根本上说就是因为其根深蒂固的文化价值体系一直传承下来。因此,习近平总书记号召我们要"深入挖掘和阐发中华优秀传统文化讲仁爱、重民本、守诚信、崇正义、尚和合、求大同的时代价值,使中华优秀传统文化成为涵养社会主义核心价值观的重要源泉"❸。世界社会主义运动发端于空想社会主义,从 19 世纪初期的"三个托马斯"(托马斯·莫尔、托马斯·闵采尔、托马斯·康帕内拉),到 19 世纪三四十年代的三大空想社会主义者(圣西门、傅立叶、欧文),直到马克思恩格斯提出科学社会主义,再到苏联及东欧国家对社会主义的实践和当下中国掀起社会主义运动的高潮,经历了 500 年的演进,形成了自身的历史和文化,因而世界社会主义运动的核心价值观也必须深深扎根在世界社会主义运动的历史和文化的土壤之上,一方面可以使这个价值观更加牢固,另一方面也使其更有生机和活力,能够随着时代的发展在本国的土壤之上不断地丰富自身的内涵。

二是世界社会主义的核心价值观必须同社会主义运动正在进行的奋斗相结合。20 世纪以来,中国共产党带领中国人民经历了新民主主义革命、社会主义革命和改革开放这些伟大实践,充分发扬奋斗精神,带

---

❶ 习近平谈治国理政:第一卷 [M]. 北京:外文出版社,2014:171.
❷ 习近平在文艺工作座谈会上的讲话 [M]. 北京:人民出版社,2015:3.
❸ 习近平谈治国理政:第一卷 [M]. 北京:外文出版社,2014:164.

领中国人民一步步从站起来到富起来再到强起来。每一个阶段根据中华民族和中国人民奋斗主题的不同，体现的核心价值观也有着不同的侧重点。世界社会主义运动发展500年以来，有过高潮，也有过低谷，每个时期都有特定的历史阶段、历史背景和历史任务。比如在19世纪中期，工人运动正处于高潮，当时社会主义运动的奋斗主题就是推翻资本主义压迫，建立无产阶级专政，因而当时的社会主义核心价值观中必然包含着"革命"的内容。而随着列宁领导下的苏联将社会主义变为现实，在建立了无产阶级政权后，奋斗的主题转而进入社会主义建设，所以当时的社会主义核心价值观必然包含着"富强""民主""文明"等适应社会主义建设时期的价值理念。因而世界社会主义的核心价值观要结合当下的任务和正在进行的奋斗主题来确定其内容。

三是世界社会主义核心价值观必须同世界社会主义需要解决的时代问题相适应。马克思指出"人们的观念、观点和概念，一句话，人们的意识，随着人们的生活条件、人们的社会关系、人们的社会存在的改变而改变"。❶ 价值观也会随时代的发展而变化，要紧密围绕需要解决的时代问题。比如在我国的发展历程中，新民主主义革命时期要解决的时代问题是如何实现民族独立和国家复兴；党的十一届三中全会以后，中华民族要解决的时代问题是回答什么是解放思想、实事求是；党的十三届四中全会以后，时代问题为进一步回答什么是社会主义，怎样建设社会主义和建设什么样的党、怎样建设党；党的十六大以后，要解决的时代问题为中国特色社会主义实现什么样的发展、怎样发展；党的十八大以来，中华民族要解决的时代问题是"新时代坚持和发展什么样的中国特色社会主义、怎样坚持和发展中国特色社会主义这个重大时代课题"。因此，每个时期都有不同问题需要解决，其核心价值观也要随之变迁和发展。掌握了这一规律就能正确把握世界社会主义核心价值观同样具有

---

❶ 马克思恩格斯选集：第一卷［M］．北京：人民出版社，2012：419－420．

的历史性和时代性。

　　第三，中国特色社会主义核心价值观的内容是凝练世界社会主义核心价值观的重要参照。改革开放以来，中国共产党和中国人民坚持走中国特色社会主义道路，在马克思主义理论的指导下不断取得新的突破和飞跃，在短短的 40 余年间，用事实让世界社会主义运动重新焕发出生机和活力，也让全世界人民对社会主义有了全新的认识。作为坚持走社会主义道路和成功走社会主义道路最典型的代表，中国为其他社会主义国家贡献了中国智慧和中国方案。越来越多的社会主义国家开始学习中国模式，逐渐形成了以中国为排头兵的社会主义阵营，正在不断挖掘和彰显社会主义的强大魅力。中国特色社会主义核心价值观作为当代中国在发展过程中提出的在价值层面上的中国方案，也将对世界社会主义核心价值观产生重要影响，成为世界社会主义核心价值观的重要参照。

附录:"中美大学生核心价值观"调查问卷

- 请根据你的第一真实想法,无论答案如何,完成如下句子的后半部分。

(答案无对错,可用英语回答,也可用中文回答)

1. I wish my parents had _____   但愿我的父母拥有……

   _____

2. All men are born _____   人生而……

   _____

3. Artists are _____   艺术家是……

   _____

4. Honesty is _____   诚信是……

   _____

5. Anyone can get to the top if they _____   每个人都能够成功,只要你……

   _____

6. Intellectuals should _____   知识分子应该是……

   _____

7. If I had a child I would want him/her to _____   如果我有孩子,我希望他……

   _____

8. College professors should _____   大学教授应该是……
   _____

9. The most successful people _____   最成功的人是……
   _____

10. Wealthy people should _____   富人应该做……
    _____

11. Everyone should want to _____   每个人都应该要……
    _____

12. The future is _____   未来是……
    _____

13. I wish I had _____   但愿我有……
    _____

14. What counts is what a person _____   重要的是一个人……
    _____

15. It isn't a person's background that counts, it is what _____
    人的背景不重要，重要的是……
    _____

16. The individual is _____   个人是……
    _____

17. Thecollectivity is _____   集体是……
    _____

18. Nudity is _____   你认为裸体……
    _____

19. In order to be successful one has to _____   为了成功，人应
    该……
    _____

20. The standard of living of the laboring classes should _____
    劳动阶级的标准生活应该是……
    _____

21. It isn't what one says that counts, it is what one _____
    不是一个人说什么重要，而是一个人……
    _____

22. Time is _____   时间是……
    _____

23. There's no use crying _____   哭没用……
    _____

24. Popular people are _____   名人是……
    _____

- Describe in one short paragraph your conception of the ideal Chinese/American
  用一小段话来描述你头脑中理想的中国人/美国人
  _____
  _____

Copyright—Ethnographics, Box38, Calistoga, CA94515 (Modified by Yali Zou)

Source：G. and L. Spindler

参考文献

（一）中文文献

［1］中共中央马克思恩格斯列宁斯大林著作编译局．列宁专题文集［M］．北京：人民出版社，2009．

［2］中共中央马克思恩格斯列宁斯大林著作编译局．斯大林全集［M］．北京：人民出版社，1953．

［3］毛泽东．毛泽东选集［M］．北京：人民出版社，1951．

［4］中共中央文献研究室．十八大以来重要文献选编：上［M］．北京：中央文献出版社，2014．

［5］十七大以来重要文献选编：上［M］．北京：中央文献出版社，2009．

［6］十七大以来重要文献选编：中［M］．北京：中央文献出版社，2011．

［7］十七大以来重要文献选编：下［M］．北京：中央文献出版社，2013．

［8］十六大以来重要文献选编：上［M］．北京：人民出版社，2005．

［9］十六大以来重要文献选编：中［M］．北京：人民出版社，2006．

［10］十六大以来重要文献选编：下［M］．北京：人民出版社，2008．

［11］十五大以来重要文献选编：上［M］．北京：人民出版社，2000．

［12］十五大以来重要文献选编：中［M］．北京：人民出版社，2001．

［13］十五大以来重要文献选编：下［M］．北京：人民出版社，2003．

［14］教育部课题组．深入学习习近平关于教育的重要论述［M］．北京：人民出版社，2019．

［15］中共中央文献研究室．习近平关于社会主义文化建设论述摘编［M］．北京：中央文献出版社，2017．

［16］陈万柏，张耀灿．思想政治教育学原理［M］．2版．北京：高等教育出版

社，2007.

[17] 张耀灿，郑永廷，吴潜涛，等．现代思想政治教育学［M］．北京：人民出版社，2006.

[18] 王瑞荪．比较思想政治教育学［M］．北京：高等教育出版社，2001.

[19] 陈立思．比较思想政治教育［M］．北京：中国人民大学出版社，2011.

[20] 苏振芳．当代国外思想政治教育比较［M］．北京：社会科学文献出版社，2009.

[21] 刘建军．新时期思想政治工作创新研究［M］．北京：中国人民大学出版社，2015.

[22] 刘建军．文明与意识形态［M］．北京：中华书局，2011.

[23] 罗国杰．中国伦理学百科全书：伦理学原理卷［M］．长春：吉林人民出版社，1993.

[24] 宋希仁，陈劳志，赵仁光．伦理学大辞典［M］．长春：吉林人民出版社，1989.

[25] 张淑芳．社会主义核心价值观仪式化传播研究［M］．北京：中国社会科学出版社，2018.

[26] 韩震．社会主义核心价值观的话语建构与传播［M］．北京：中国人民大学出版社，2019.

[27] 韩震．"社会主义核心价值观与当代中国发展"丛书［M］．成都：四川人民出版社，2018.

[28] 马国祥．培育和践行社会主义核心价值观［M］．成都：西南交通大学出版社，2016.

[29] 吕开东，张彬．大学生社会主义核心价值观认同教育［M］．北京：中央编译出版社，2019.

[30] 刘玉红，王莉，王凤环．社会主义核心价值观教程［M］．沈阳：辽宁大学出版社，2019.

[31] 康绍邦，胡尔湖．新编社会主义辞典［M］．北京：中国广播电视出版社，1991.

[32] 邱吉，王易，王伟玮．轨迹——当代中国青年价值观变迁研究［M］．北京：

人民出版社,2012.

[33] 檀传宝. 学校道德教育原理[M]. 3版. 北京:教育科学出版社,2015.

[34] 林玉体. 美国教育思想史[M]. 北京:九州出版社,2006.

[35] 托克维尔. 论美国的民主:上、下卷[M]. 北京:商务印书馆,1989.

[36] 钱满素. 美国文明[M]. 北京:中国社会科学出版社,2001.

[37] 钱满素. 美国自由主义的历史变迁[M]. 北京:生活·读书·新知三联书店,2006.

[38] 陈钦庄. 基督教简史[M]. 北京:人民出版社,2004.

[39] 张友伦. 美国西进运动探要[M]. 北京:人民出版社,2005.

[40] 托马斯·潘恩. 常识[M]. 北京:北京大学出版社,2015.

[41] 何顺果. 美利坚文明论[M]. 北京:北京大学出版社,2008.

[42] 瞿葆奎. 美国教育改革[M]. 北京:人民教育出版社,1990.

[43] 滕大春. 美国教育史[M]. 北京:人民教育出版社,1994.

[44] 姚运标. 美国公共教育中的宗教问题研究[M]. 合肥:安徽人民出版社,2006.

[45] 周文华. 美国核心价值观建设及启示[M]. 北京:知识产权出版社,2014.

[46] 朱永涛. 美国价值观———一个中国学者的探讨[M]. 北京:外语教学与研究出版社,2002.

[47] 钱穆. 文化与教育[M]. 桂林:广西师范大学出版社,2004.

[48] 刘济良. 青少年价值观教育研究[M]. 广州:广东教育出版社,2003.

[49] 刘济良. 价值观教育[M]. 北京:教育科学出版社,2007.

[50] 黄书光. 价值观念变迁中的中国德育改革[M]. 南京:江苏教育出版社,2008.

[51] 吴亚林. 价值与教育[M]. 北京:北京师范大学出版社,2009.

[52] 陈卞知. 美国话语——传播美国新闻与文化[M]. 北京:北京广播学院出版社,2006.

[53] A.C.奥因斯坦. 美国教育学基础[M]. 刘付忱,等译. 北京:人民教育出版社,1984.

[54] 杜威. 民主主义与教育[M]. 王承绪,译. 北京:人民教育出版社,1997.

[55] 马克思·韦伯. 新教伦理与资本主义精神［M］. 沈海霞, 译. 北京: 电子工业出版社, 2013 (7).

[56] 柯尔伯格. 道德发展心理学［M］. 郭本禹, 译. 上海: 华东师范大学出版社, 2004.

[57] 劳伦斯·A. 克雷明. 美国教育史: 殖民地时期的历程［M］. 周玉军, 等译. 北京: 北京师范大学出版社, 2003.

[58] 劳伦斯·A. 克雷明. 美国教育史: 建国初期的历程［M］. 洪成文, 等译. 北京: 北京师范大学出版社, 2002.

[59] 劳伦斯·A. 克雷明. 美国教育史: 城市化时期的历程［M］. 朱旭东, 等译. 北京: 北京师范大学出版社, 2002.

[60] 艾伦·布卢姆. 走向封闭的美国精神［M］. 缪青, 宋丽娜, 等译. 北京: 中国社会科学出版社, 1994.

[61] 欧内斯特·L. 博耶. 关于美国教育改革的演讲［M］. 涂艳国, 方彤, 译. 北京: 教育科学出版社, 2002.

[62] 涂尔干. 道德教育［M］. 陈光金, 等译. 上海: 上海人民出版社, 2001.

[63] 路易斯·拉思斯. 价值与教学［M］. 谭松贤, 译. 杭州: 浙江教育出版社, 2003.

[64] 内尔·诺丁斯. 学会关心——教育的另一种模式［M］. 于天龙, 译. 北京: 教育科学出版社, 2003.

[65] 唐纳德·里德. 追随柯尔伯格［M］. 姚莉, 等译. 哈尔滨: 黑龙江人民出版社, 2003.

[66] 威廉·A. 盖尔斯敦. 自由多元主义——政治理论与实践中的价值多元主义［M］. 佟德志, 译. 南京: 江苏人民出版社, 2005.

[67] 康马杰. 美国精神［M］. 杨静予, 等译. 北京: 光明日报出版社, 1988.

[68] 尹钛. 美国精神［M］. 北京: 当代世界出版社, 2008.

[69] 周琪. 意识形态与美国外交［M］. 上海: 上海人民出版社, 2006.

[70] 黄坤锦. 美国大学的通识教育［M］. 北京: 北京大学出版社, 2006.

[71] 杨云飞. 美国学校价值观教育研究［D］. 开封: 河南大学, 2012.

[72] 雷鸣. 中美两国核心价值观教育比较研究［D］. 南京: 东南大学, 2015.

[73] 杜禾. 美国中小学道德教育主流价值观研究 [D]. 长春：东北师范大学，2012.

[74] 邱国勇. 社会主义核心价值观教育研究 [D]. 武汉：武汉大学，2013.

[75] 冯刚. 着力培育大学生社会主义核心价值观 [J]. 高校理论战线，2012 (9)：4-8.

[76] 吴潜涛. 价值观多样化势态与坚持社会主义集体主义价值观导向 [J]. 道德与文明，1999 (4)：37-41.

[77] 刘建军. 论思想政治教育的主渠道与微循环 [J]. 思想理论教育，2014 (9)：56-59.

[78] 杨云飞. 美国学校价值观教育的解读与思考 [J]. 外国中小学教育，2012 (6)：42-46.

[79] 范树成. 美国核心价值观教育探析 [J]. 外国教育研究，2008 (7)：23-28.

[80] 谭再文. 价值观与未来——美国几种主要价值观教育方法简析 [J]，1993 (4)：58-61.

[81] 姜英敏. 从"和而不同"到"'异己'间共生"——全球化时代国际理解教育模式的新探索 [J]. 比较教育研究，2015 (12)：30-34.

[82] 杨威. 当代美国高校价值观教育的关键议题与基本原则 [J]. 黑龙江高教研究，2015 (10)：64-68.

[83] 马健生，孙珂. 美国大学主流价值观教育探析 [J]. 比较教育研究，2010 (11)：25-30.

[84] 葛春，葛建平. 美国公立学校价值观教育的复习及启示 [J]. 教育导刊，2008 (12)：44-47.

[85] 田玉敏. 美国中小学核心价值观教育及其启示 [J]. 中国青年研究，2008 (11)：109-112.

[86] 邓达，刘颖. 美国中小学核心价值观教育及其启示 [J]. 教育科学论坛，2015 (1)：66-69.

[87] 辛志勇，金盛华. 西方学校价值观教育方法的发展及其启示 [J]. 比较教育研究，2002 (4)：27-32.

[88] 张雅光. 加强核心价值观建设的国际经验与启示 [J]. 理论导刊，2014

(8): 72-75.

[89] 刘长海. 学生管理育人本位的复归：美国学生惩戒研究最新进展及其启示 [J]. 比较教育研究, 2015 (11): 107-112.

[90] 莫尼卡·泰勒. 价值观教育与教育中的价值观（上）[J]. 教育研究, 2003 (5): 35-40.

（二）外文文献

[1] James T. Schleifer (Edited by Eduardo Nolla). Democracy in American [M]. Indianapolis: Liberity Fund Inc, 1835.

[2] JamesTruslow Adams. Epic of America [M]. New York: Blue ribbon books, 1931.

[3] Lawrence E. Metcalf. Values Education—Rationale, Strategies, and Procedures [M] Washington DC: National Council for the Social Studies, 1971.

[4] Douglas P. Superka, Christine Ahrens, Judith E. Hedstrom, with Luther J. Ford and Patricia L. Johnson, Values Education Sourcebook [M]. Boulder, Colorado: Social Science Education Consortium, Inc., 1976.

[5] Silver Michael. Values Education [M]. Washington, DC: National Education Association, 1976.

[6] Alan L. Lockwood. Values Education and The Study of Other Cultures [M]. Washington, DC: National Education Association, 1976.

[7] Sidney B. Simon, Sally Wendkos Olds. Helping Your Child Learn Right from Wrong: A Guide to Values Clarification [M]. New York: Simon and Schuster, 1976.

[8] Charles R. Kniker. You and Values Education [M]. Columbus, Ohio: Bell & Howell company, 1977.

[9] Thomas Lickona. An Intergrated Approach to moral, value, and civic education with adolescents—An Analysis of Current Theory and Practice and Recommendations for Program Impletation [M]. New Jersey: The Adolescent Education Commission New Jersey Department of Education, 1977.

[10] Louis E. Raths, Merrill Harmin, and Sidney B. Simon. Values and Teaching [M]. Columbus, Ohia: Charles E. Merrill Books, Inc, 1978.

[11] Thomas C. Hennessy, S. J. Value/Moral Education: Schools and Teachers [M]. New York/Ramsey/Toronto: Paulist Press, 1979.

[12] Armand Mattelart, Seth Siegelaub. Communication and Class Struggle: Liberation, Imperialism [M] New York: International Mass Media Research Center, 1979.

[13] Richard M. Huber. The American Idea of Source [M]. New York: Pushcart Press, 1987.

[14] Thomas Lickona. Educating for Character: How Our Schools Can Teach Respect and Responsibility [M]. New York: The New York Times Company, 1991.

[15] Lorand B. Szalay, Jean B. Strohl, Liu Fu, Pen—Shui Lao. American and Chinese Perceptions and Belief Systems—A People's Republic of China—Taiwanese Comparison [M]. New York: A Division of Plenum Publishing Corporation, 1994.

[16] National Council for the Social Studies (NCSS). National Council for the Social Studies, Expectations of Excellence: Curriculum Standards for Social Studies [M] Washington, D. C.: NCSS, 1994.

[17] Robert D Heslep. Moral education for Americans [M]. New York: Praeger Publishers, 1995.

[18] Mark Halstead, Monica J. Taylor. Values in Education and Education in Values [M]. New York: Routledge, 1995.

[19] Dick DeVos. Rediscovering American Values: The Foundations of Our Freedom for the 21st Century [M], Boston: Dutton/Penguin, 1997.

[20] Graham Haydon. Values, Virtues and Violence: Education and the Public Understanding of Morality [M] UK: The Journal of the Philosophy of Education Society of Great Britain, 1999.

[21] McClellan, B. Edward. Moral Education in America: Schools and the Shaping of Character from Colonial Times to the Present [M]. New York: Teachers College Press, 1999.

[22] William K. Cummings, Maria Teresa Tatto, John Hawkins. Values Education for Dynamic Societies: Individualism or Collectivism [M] Hong Kong: Comparative Education Research Center, The University of Hong Kong, 2001.

[23] Tim Sprod. Philosophical Dicussion in Moral Education [M]. London and New York: Routledge, 2001.

[24] Damon, William. Bringing in a New Era in Character Education [M]. CA: Hoover Institution Press, 2002.

[25] Thomas Lickona. Character Matters: How to Help Our Children Develop Good Judgment, Integrity, and Other Essential Virtues [M]. New York: Simon & Schuster, Inc, 2004.

[26] Thomas Lickona, Mattew Davidson. Smart and Good High Schools [M]. DC: Character Education Partnership, 2005.

[27] Warren Donald, Patrick John. Civic and Moral Learning in American [M]. New York: Palgrave Macmillan, 2006.

[28] Carter. Jimmy. Our Endangered Values: America's Moral Crisis [M]. New York: Simon & Schuster, 2006.

[29] Deborah H. Long. Ethics for the Real Estate Professional [M]. Atlanta, Georgia: Oncourse Learning, 2007.

[30] Smith, Bruce L. R, Mayer, Jeremy D. Fritschler, A. Lee. Closed Minds?: Politics and Ideology in American Universities [M]. Washinton, DC: Brookings Institution Press, 2008.

[31] Larry P. Nucci, Darcia Narvaez. Handbook of Moral and Character Education [M]. New York: Routledge, 2008.

[32] William O. Walker III. National Security and Core Values in American History [M]. NY: Cambridge University Press, 2009.

[33] T. Lovat, R. Toomey, N. Clement. International Research Handbook on Values Education and Student Wellbeing [M]. Dordrecht, Netherlands: Springer, 2010.

[34] Franz Adler. The Value Concept in Sociology [J]. American Journal of Sociology, 1956 (11).

[35] Lawrence Kohlberg, Indoctrination and Relativity in Value Education [J]. Xygon Journal of Region and Science, 1971 (12): 285 - 310.

[36] Lawrence Kohlberg. Moral Education reappraised [J]. The Humanist, 1978 (11 -

12): 14 - 15.

[37] Nancy McClaran. Infusion of Values Education Into Contemporary American Literature [J]. The English Journal, 1978 (2): 56 - 60.

[38] Charles R. Barman. Four Values Education Approaches for Science Teaching [J]. The American Biology Teacher, 1980 (3): 152 - 156.

[39] Michael A. Morehead and Barbara Blumhagen. Values Education Is Basic Education [J]. American Secondary Education, 1984 (4): 11 - 12.

[40] Vigen Guroian. Seeing Worship as Ethics: An Orthodox Perspective [J]. The Journal of Religious Ethics, 1985 (fall): 332 - 359.

[41] Howard Kirshenbaum. A comprehensive Model for Values Education and Moral Education [J]. The Phi Delta Kappan, 1992 (6): 771 - 776.

[42] Thomas Lickona. The Return of Character Education [J]. Education Leadership, 1993 (11): 6 - 11.

[43] H. Fenwick Huss and Denise M. Patterson. Ethics in Accounting: Values Education with Indoctrination [J]. Journal of Business Ethics, 1993 (3): 235 - 243.

[44] Joey Rodger. Core Values: Our common Ground [J]. American library, 1998 (10): 68 - 71.

[45] JAMES S. LEMING. Tell Me a Story: an evaluation of a literature—based character education programme [J], 2000 (4): 413 - 427.

[46] Peter Silcock and Diane Duncan. Values Acquisition and Values Education: Some Proposals [J]. British Journal of Educational Studies, 2001 (9): 242 - 259.

[47] Cletus R. Bulach, Implementing a Character Education Curriculum and Assessing Its Impact on Student Behavior [J]. The Clearing House, 2002 (11 - 12): 79 - 83.

[48] John Pouglas Hoge. Character Education, Citizenship Education, and the Social Studies [J]. The Social Studies, 2002 (5 - 6): 103 - 107.

[49] Mark T. Greenberg, Roger P. Weissberg, Mary Utne O'Brien, Joseph E. Zins, Linda Fredericks and Hank Resnik, Maurice J. Elias. Enhancing School—Based Prevention and YouthDevelopment Through Coordinated Social, Emotional, and Academic Learning [J]. American Psychologist, 2003 (6 - 7): 466 - 473.

[50] Berkowitz, M. W. , &Bier, M. C. What works in character education: A Research—driven guide for educators [R]. Washington, DC: Character Education Partnership, 2005 (2): 28.

[51] Valiente, C. , Lemery—Chalfant, K. , Swanson, J. , & Reiser, M. Prediction of children's academic competence from their effortful control, relationships, and classroom participation [J]. Journal of Educational Psychology, 2008, 100 (1): 67 - 77.

[52] Marvin W. Berkowitz. What works in values education [J]. International Journal of Educational Research, 2011 (8): 153 - 158.

[53] Brian H Smith. School—based Character Education in the United States [J]. Childhood Education, 2013 (10): 350 - 355.

[54] Thomas Lickona. A brief history of character education in America [R]. U. S. News & World Report, Inc. 1996: http://www.waarden.org/studie/concepten/history.html.

[55] Kikuchi, J. Rhode Island Develops Successful Intervention Program for Adolescents [N]. National Coalition Against Sexual Assault Newsletter, 1988 (9): 26 - 27.

[56] Claire Cain Miller& Kevin Qealy. Democracy in America: How is it doing? [N]. The New York Times, 2017 - 2 - 23.

[57] Edward L. Hudgins. Do Americans Still Value Freedom? [EB/OL]. https://www.cato.org/publications/commentary/do—americans—still—value—freedom, 2001 - 7 - 4.

后 记

这部不成熟的著作，大部分内容来源于我的博士毕业论文，是在我的导师刘建军教授的悉心指导下完成的，答辩过程得到了王易教授、邱吉教授、吴潜涛教授、宇文利教授、李志强教授等的指导。博士论文答辩后，结合新的时代背景，我又将许多内容进行了扩充和延伸，这一过程得到了 Yali Zou 教授、李林英教授、张毅翔教授以及《思想理论教育导刊》编辑部查朱和、代红凯老师的热情关心和指导。谨向以上各位前辈和老师表示由衷的感谢。

最后，特别要提到的是本书在出版过程中得到了知识产权出版社张水华编辑的耐心帮助，她不仅放弃节假日休息时间认真审阅书稿，且提出了许多宝贵的修改意见。以上老师们的帮助，是我继续开展理论研究的强大支撑和动力。

吴倩
2020 年 10 月
于北京理工大学